U0531631

消失的文明

努比亚文明

[美]萨拉·M.舍林格 著
燕子 译

中国科学技术出版社
·北京·

图书在版编目（CIP）数据

消失的文明 . 努比亚文明 /（美）萨拉·M. 舍林格著；燕子译 . -- 北京：中国科学技术出版社，2025.2.
ISBN 978-7-5236-1218-7

Ⅰ . K109；K411.209

中国国家版本馆 CIP 数据核字第 2024GK3350 号

著作权合同登记号：01-2024-5960

Nubia: Lost Civilizations by Sarah M. Schellinger was first published by Reaktion Books in the Lost Civilizations series, London, UK, 2022.
Copyright © Sarah M. Schellinger 2022.
Rights arranged through CA-Link International LLC
本书已由 REAKTION BOOKS LTD 授权中国科学技术出版社有限公司独家出版，未经出版者许可不得以任何方式抄袭、复制或节录任何部分。
版权所有，侵权必究

审图号：GS（2025）0170 号

策划编辑	王轶杰
责任编辑	徐世新　王轶杰
封面设计	周伶俐
正文设计	中文天地
责任校对	焦　宁
责任印制	李晓霖

出　　版	中国科学技术出版社
发　　行	中国科学技术出版社有限公司
地　　址	北京市海淀区中关村南大街 16 号
邮　　编	100081
发行电话	010-62173865
传　　真	010-62173081
网　　址	http://www.cspbooks.com.cn

开　本	710mm×1000mm　1/16
字　数	144 千字
印　张	15
版　次	2025 年 2 月第 1 版
印　次	2025 年 2 月第 1 次印刷
印　刷	北京博海升彩色印刷有限公司
书　号	ISBN 978-7-5236-1218-7 / K・466
定　价	118.00 元

（凡购买本社图书，如有缺页、倒页、脱页者，本社销售中心负责调换）

年 表

约距今 100 万 ~ 1 万年前	》	旧石器时代：努比亚人使用渔猎和采集的石制工具
约公元前 8000 ~ 前 5000 年	》	中石器时代：努比亚人建立季节性、半固定性营地
约公元前 4900 ~ 前 3000 年	》	新石器时代：放牧与耕种初现
约公元前 3800 ~ 前 2900 年	》	A 群落：社会阶层分化加剧
约公元前 2400/2300 ~ 前 1600 年	》	C 群落：古埃及古王国对努比亚远征的文字记载
约公元前 3000 ~ 前 2500 年	》	前科玛时期
约公元前 2500 ~ 前 1450 年	》	科玛时期：努比亚人建立了第一座都城和王国
约公元前 2055 ~ 前 1650 年	》	古埃及中王国修建要塞以控制埃及和努比亚之间的近河区交通
约公元前 1550 ~ 前 1070 年	》	古埃及新王国在努比亚进行殖民活动
约公元前 1070 ~ 前 800 年	》	努比亚的"黑暗时期"：努比亚人修建了位于黑拉特艾尔-阿拉比的奢华墓葬
约公元前 800 ~ 前 300 年	》	努比亚的纳帕塔时期：在艾尔-库鲁的王室墓园开始修建金字塔，可能是在卡提马洛女王统治时期
约公元前 760 ~ 前 747 年	》	克什台统治时期，他是第一个试图征服埃及的努比亚统治者；他把自己的女儿阿蒙内蒂斯一世封为底比斯的阿蒙神之妻
约公元前 728 年	》	皮耶开始第二次向北方进军并击败了古埃及反叛者，这次胜利被记载在他的凯旋碑上；他将自己的女儿舍佩韦普特二世封为阿蒙神之妻

时间	事件
约公元前 716 年	沙巴卡在孟菲斯加冕，标志着努比亚在埃及统治的开始，这便是第二十五王朝
公元前 690 ~ 前 664 年	塔哈卡执政时期，王室墓地从艾尔-库鲁移至努里，其女阿蒙内蒂斯二世成了努比亚最后一任阿蒙神之妻
约公元前 664 ~ 前 656 年	塔努泰蒙统治时期，在亚述巴尼拔率领下，亚述人入侵埃及并将努比亚人逐出埃及
公元前 4 世纪最后 3 年	可能是纳斯塔森国王的遗孀塞赫迈特王后执政
约公元前 300 ~ 350 年	麦罗埃时期：都城从纳帕塔迁至麦罗埃；努比亚进入铁器时代
约公元前 270 ~ 前 260 年	阿卡玛尼国王葬于麦罗埃的南墓园
公元前 3 世纪末	阿曼尼提哈国王将王室墓园从麦罗埃南部移至北墓园
公元前 2 世纪	麦罗埃文字首次出现
公元前 75 ~ 前 50 年	阿曼尼热纳斯女王统治时期，击败罗马军队并夺得奥古斯都青铜头像（现存大英博物馆）
公元前 21 年	罗马和麦罗埃签订《萨摩斯协议》
公元 253 年	记载中的最后一位麦罗埃国王——特克芮迪马尼
公元 4 世纪中期	阿克苏姆第一个基督教国王以扎纳入侵麦罗埃，麦罗埃帝国灭亡
约公元 350 ~ 550 年	后麦罗埃时期：诺贝提亚、马库利亚和阿尔瓦等王国崛起
公元 4 世纪末期或公元 5 世纪初	在卡拉布沙的曼都力斯神庙里发现的哈拉玛多耶碑文，这是已知的最后一个麦罗埃时期碑文
公元 6 世纪中期	努比亚皈依基督教
公元 652 年	信仰基督教的努比亚与信仰伊斯兰教的埃及签订了《巴克特条约》

公元 8 世纪	》 诺贝提亚与马库利亚统一于一个统治者之下
公元 16 世纪	》 芬吉王朝的崛起与努比亚的伊斯兰化
公元 1821 年	》 穆罕默德·阿里以奥斯曼帝国的名义征服苏丹
公元 1881～1898 年	》 马赫迪政权
公元 1884 年	》 对喀土穆围攻
公元 1899～1913 年	》 英国与埃及治下的苏丹：1899 年赫伯特·基钦纳被任命为第一任总督
公元 1956 年	》 苏丹从英、埃统治下独立
公元 1971 年	》 苏丹国家博物馆在喀土穆落成
公元 1985 年	》 贾法尔·尼迈里下台
公元 2011 年	》 举行全民公决并承认南苏丹共和国
公元 2018～2019 年	》 喀土穆举行抗议活动；阿拉·萨拉赫被冠以"坎迪萨"称号并成为革命者的象征；奥马尔·阿尔·巴希尔 4 月 17 日被拘捕并被逐出总统府
公元 2021 年 10 月 25 日	》 阿卜杜勒·法塔赫·阿尔－布尔汉将军发动了推翻过渡政府的军事政变；总理阿布达拉·哈姆多克遭软禁；阿布达拉·哈姆多克于 11 月 21 日恢复总理职务，政治犯被释放
公元 2022 年	》 阿布达拉·哈姆多克于 1 月 2 日辞去总理职务

（本书中插附地图系原文插附地图）

分布于第二瀑布的诸要塞	059
科玛与埃及	062
新王国时期的努比亚	065
新王国的寺庙城	068
埃及的努比亚人	075
努比亚的黄金时代	081
埃及第二十五王朝	083
回归努比亚：纳帕塔时期	090
仿效埃及	094
开启新纪元	097
麦罗埃及其邻邦	100
语言与艺术	108
帝国的终结	110
努比亚的万神殿	113
王权神授	120
麦罗埃的宗教	127
麦罗埃的加冕典礼	129
丧葬习俗	131

目录

消失的国家——努比亚 … 001
地理与环境 … 005
地名与方位 … 009
自然资源 … 011
努比亚社会 … 015
文化和理念的交融 … 017
进入努比亚的旅行者 … 019

从游牧民到引领者 … 023
旧石器时代 … 024
中石器时代 … 025
新石器时代 … 026
A群落 … 029
C群落 … 036
前科玛时期 … 041
科玛时期 … 042

努比亚与埃及 … 055
古王国时期的努比亚 … 056

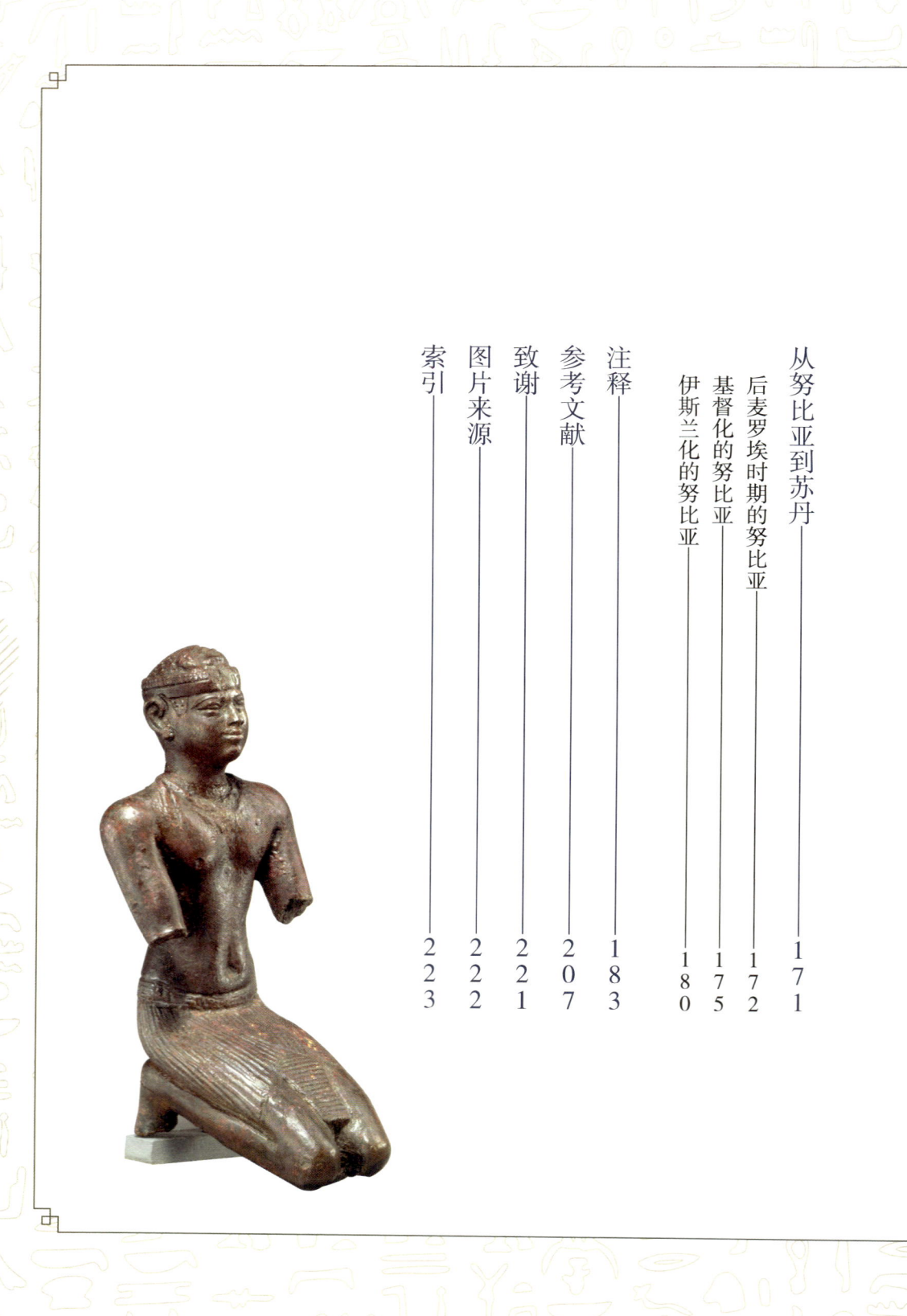

章节	页码
从努比亚到苏丹	171
后麦罗埃时期的努比亚	172
基督化的努比亚	175
伊斯兰化的努比亚	180
注释	183
参考文献	207
致谢	221
图片来源	222
索引	223

麦罗埃的『坎迪斯』——————137
权力宝座上的古埃及女性——————139
阿蒙神之妻——————140
努比亚早期的权力女性——————142
加冕典礼上的纳帕塔权力女性——————145
麦罗埃的『坎迪斯』艺术形象——————149
——————156
进入铁器时代——————159
努比亚的金属加工业——————162
麦罗埃的冶铁业和铁器加工——————163
铁器生产在西非的传播——————167
铁器技术的遗产——————168

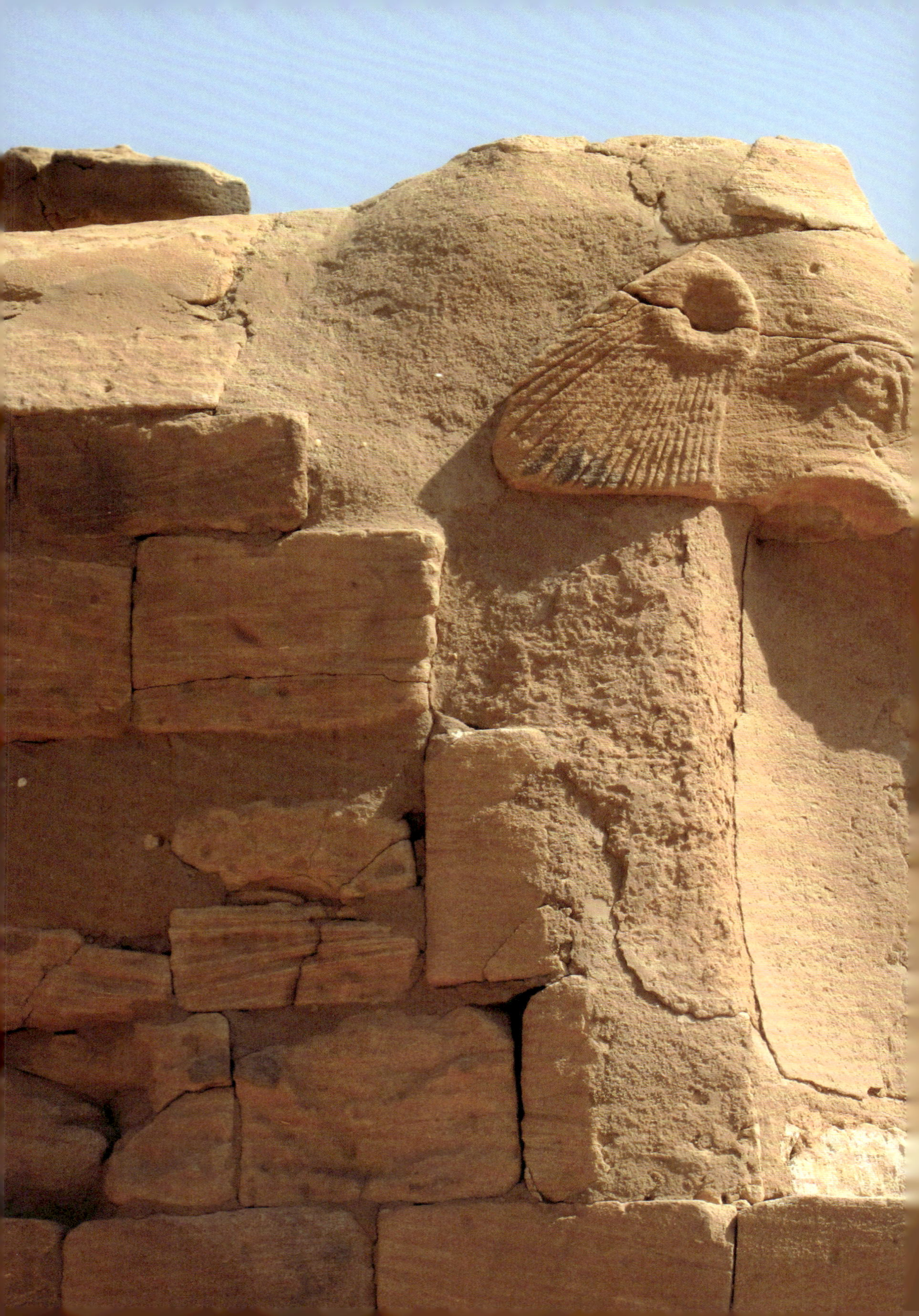

消失的国家——
努比亚

每当谈及古代世界，古巴比伦、古埃及、古印度和古代中国便映入我们的脑海。早在公元7世纪的阿拉伯化之前，非洲东北部（见图1）就存在着许多高度发达的文明，然而，多数人存在着一种误解，即古埃及是孤立存在的。因此，长期以来人们对努比亚的了解往往来自古埃及以及欧美国家的旅行者和考古学家。这种局限性让努比亚成了"消失的文明"系列丛书的一个理想选项，原因在于，作为开拓非洲东北部地区并将它打造成一个古代世界强权的国家，努比亚在很多方面的确已经"消失"并被遗忘了。

世界强国应该是一个对国外及其人民有重要影响的国家。从不同角度看，这种影响可以是正面的也可以是负面的，并且从古至今都适用。古人对自身世界范围的认识比今天要小得多，尽管如此，在古埃及第二十五王朝时期，努比亚控制的区域至少从南部的第四瀑布直至北部的三角洲。他们对帝国范围内的人员流动实施有效监控，把自己打造成双王国（Double Kingdom）的合法统治者，并与地中海沿岸、亚洲西南部及红海沿岸地区开展贸易活动。

它的疆域仍然存在，而且世界上仍有许多这些古代先民的后裔，我们能说努比亚已经"消失"了吗？回答是肯

图1 今天的非洲东北部及努比亚在其中的位置

定的，因为数十年来古埃及一直被人们视为古代文明的高峰，许多早期探险者和考古学家认为努比亚并不像其北方伙伴那样重要。之所以如此，其中的一个原因是努比亚被古埃及殖民（公元前 1550 ~ 前 1070 年）之前没有自己的文字。很明显，努比亚人可以进行口头交流，但他们并没发展出一种书写系统，所以不能用文字告诉我们有关他们的历史。由于在古埃及殖民之前没有相应的文献资料，我们只能依赖考古证据，而这些证据主要来自宗教和丧葬遗物，因此所获取的信息更偏重身份显贵的统治阶层，而有关平民百姓的信息则要少得多。即便有了文字以后，相关文献也仅限于社会上那些受过教育的人，于是我们便很难听到努比亚普通百姓的声音了。

尽管这些遗物上面没有文字，但不需要借助现代化工具，即使是没有工程学学位的人也能看出这些证物上凝结的较为高级的智慧和创造力。从庙宇、宫殿和墓葬结构中，我们不仅能看到对国外形制的借鉴，同时也能一睹努比亚当地人的原创性构思。相较于以前，我们现在愈发认识到一个古代社会的威力。尽管没有文字系统，这个社会却创造了自己的文明，与其说努比亚文明"消失"了，倒不如说它在日后融入了另一个强大的非洲文明：古埃及。

我们自然会注意到，无论古埃及人还是早期到访这一地区的旅行者，他们对努比亚人都抱有偏见，而且也漠视努比亚的文化，甚至在面对与二者有关联的证物时，早期考古学家们也会将它视为埃及对努比亚产生了影响的证据而非相反。编写本书的目的就是让努比亚脱离埃及的阴影，使之作为一个古代世界强国摆在世人面前。其实这个古代强国并没有而且从来也不曾"消失"过。

地理与环境

"努比亚"和"努比亚人"的称谓可能出自古埃及的黄金（nebu）一词。努比亚地区盛产黄金，而且分布很广，而黄金则是古埃及人梦寐以求的东西。然而，古埃及人并不用"努比亚"一词指称自己的南方邻居，而称之为"*Ta-sety*"，意思是"弓之国"，原因是努比亚人擅长射箭，而且他们中有很多人在埃及军队中效力。此外，在中王国时期，古埃及人称他们"库施"（Kush），蔑称时则用"卑鄙的库施"。在纳帕塔（Napata）时期（约公元前800～前300年）和麦罗埃（Meroe）时期（约公元前300～350年），努比亚人凭一己之力成了占统治地位的强国，古埃及人称这两段时期为"库施时期"（Kushite）。古典作家把这个国家称为"Ethiopia/Aithiopia"（埃塞俄比亚），这在希腊语中是"烧灼的脸"的意思，用来形容居住在非洲东北部那些深色皮肤的居民。然而，这个词很笼统，没人再使用了，而且古埃及人和努比亚人从未用过这个称谓。

努比亚位于今天的苏丹北部和埃及南部地区。在古时

候，这个国家的范围大致从南部的第六瀑布至北部的第一瀑布（见图2），而第一瀑布（见图3）是当时努比亚和埃及的边界。在这片土地上，发源于今天肯尼亚、乌干达和坦桑尼亚间的维多利亚湖（Lake Victoria）的白尼罗河和

图2 当代的重要遗址

图3 第一瀑布的湍流，1877年

发源于今天埃塞俄比亚塔纳湖（Lake Tana）的青尼罗河在北苏丹首都喀土穆（Khartoum）交汇，之后便形成了长达2730千米、最终流入地中海的尼罗河。努比亚的实际范围是从喀土穆的两河交汇点到紧邻阿斯旺（Aswan）北部的区域，南北跨度约为1450千米。

与流经埃及时不同，尼罗河在努比亚这一段并不顺畅，它要流经6条瀑布和许多花岗岩石滩，因此船舶难以通行。由于有瀑布阻隔，人们必须把船移出河道，经过沙漠将船拖拽至湍流的另一端。于是，在沿河两侧便出现了许多沙漠道路（航线），于是这些道路就成了当地人员和货物运输的主要方式。

古埃及有一套规模相当庞大的灌溉系统，足以支撑以农业为基础的经济体系。相较于古埃及，努比亚的气候更干燥，因此不具备古埃及那样的灌溉系统。这种气候分布很广，而且北部和中部地区易受气温和降雨变化的影响，这些都会对努比亚的农牧业造成影响。多数居民定居在尼罗河附近以便利用每年的洪水来滋养和耕种土地。麦罗埃后期及后麦罗埃时期（约公元350～550年）之后，当地人开始利用一种称作"saqia"的水车灌溉农田，于是人们得以在全年进行耕作，也可以把农业扩展至以前没人居住的地区。

努比亚并不是封闭的，它经常与自己的邻居们进行互动。它的北面就是埃及，历史上两国一直保持着广泛联系，二者有时是朋友，有时又变成了对手。努比亚的西边是沙漠，人们可以沿着胡瓦尔河（Wadi Howar）进入达尔富尔（Darfur）地区。努比亚的东面是阿克苏姆（Aksum）王国，其领土很大，包括今天的埃塞俄比亚和厄立特里亚。有证据显示，至少在科玛（Kerma）时期（约公元前2500～350年），努比亚和阿克苏姆就有了贸易关系。另外，在这个地区还有一个神秘国度——朋特（Punt）。埃及和朋特之间存在着明确的贸易联系，这一点可以从中王国时期的红海港口麦尔萨加瓦希斯（Mersa Gawasis）以及位于达尔巴赫里（Deir el-Bahri）的哈特谢普苏特（Hatshepsut）神庙的墙壁上得到印证。

地名与方位

长期以来，与努比亚有关的地名及其方位都是古埃及学和努比亚研究领域的一项重要课题。古王国时期，古埃及贵族常到努比亚旅行，他们留下的自传或记录为我们提供了一些信息。然而，他们详细记载的多是自己带回埃及的物品，而很少提及是从什么地方得到这些物品的。

努比亚有两个主要区域，即位于第一和第二瀑布之间的下努比亚（Lower Nubia）和第二至第六瀑布之间的上努比亚（Upper Nubia）。在古代，下努比亚通常被称作瓦瓦特（Wawat），上努比亚被称作库施（Kush）。其中，下努比亚还可细分为3个地区，其中瓦瓦特位于最北端，也就是从象岛（Elephantine）到达卡（Dakka）这一段。瓦瓦特的南面是伊特叶特（Irtjet），位于布亨（Buhen）北面，从达卡地区开始直至托施卡（Toshka）。第三个地区是赛提乌（Setju），它在伊特叶特的南面，从托施卡开始至第二瀑布。我们可以从通马斯（Tomas）地区的一个粗糙雕刻上看到有关伊特叶特的记载，这是佩皮一世（Pepy I，约公元前2321—前2287年）派去"考察"伊特叶特的某个人雕刻的。虽然有这个雕刻，但通马斯是在伊特叶特境内还是在去伊特叶特的路上尚无法确定。

另一处重要地点亚姆（Yam）一直以来被认为是古埃及势力所及的最南端。有关亚姆的最早记录出现在古王国

时期的记载中，所指的是一个南方地区，另外它还连接着《哈尔胡夫自传》（*Autobiography of Harkhuf*）中记载的其他几个南部区域。令人感兴趣的是，中王国早期之后，除一些地方志记载外，各种碑文上都没有提到过亚姆。至于亚姆在何处，目前有下面几种观点：地处上努比亚第五和第六瀑布之间深迪（Shendi）这一段流域，阿特巴拉河（Atbara）从这里汇入尼罗河；在上努比亚，可能是科玛王国的一部分，位于阿斯旺西南；可能不在北纬 22°以南，因而不在上努比亚地区；在靠近捷贝尔乌维纳特（Jebel Uweinat）或埃纳迪（Ennedi）的西部沙漠里的某个地方[1]。

这些地名中有许多都能与古埃及的字、词联系起来。比如，伊特叶特在古埃及语里指"牛奶"，赛提乌是指"场地"或"祭酒石"，而麦克赫尔（Mekher）则是指"筒仓"或"低地"[2]。现在还不能确定这些字词是古埃及人根据自己的地理学词汇确定的名称，还是他们用意思最接近的词翻译努比亚人所使用的名称[3]。

地方志中列出了 200 多个地点名称，但在整个努比亚历史中相关地名也在不断演化，因此这些地名的准确位置仍不是很清楚。新王国时期，古埃及殖民者在第二瀑布地区修建了要塞和围绕着神殿的城镇，他们的建筑物上都刻有古埃及名称，以宣示古埃及的威力和对国王的敬意。

自然资源

努比亚丰富的自然资源令自己的邻居尤其是古埃及人垂涎欲滴。黄金是来自努比亚最珍贵的材料之一,古埃及人尽其所能取得并控制那里的金矿。黄金通常用来制作首饰、浇筑神像和装饰家居等。

阿蒙霍特普(Amenhotep)墓葬里刻画的进贡场面反映出努比亚黄金以及黄金开采在当时是一项很赚钱的营生。其中,最富集的黄金矿床位于阿尼拔(Aniba)和阿拉吉干河(Wadi Allaqi)附近。新王国时期,在努比亚的黄金开采几乎仅限于图特摩斯三世(Thutmose Ⅲ,在位时间:约公元前 1479 ~ 前 1425 年)至阿克那腾(Akhenaten,在位时间:约公元前 1352 ~ 前 1336 年)这两个时期。这段时期之后,目前尚无法考证们在阿拉吉干河以南开采黄金的证据。然而,黄金开采活动仍在古埃及东部沙漠继续进行,直至拉美西德(Ramesside,指诸"拉美西斯"执政时期。约公元前 1292 ~ 前 1075 年,古埃及历史上曾出现过 11 任"拉美西斯"国王,分别称拉美西斯一世至拉美西斯十一世。——译者注)时期(约公元前 1295 ~ 前 1070 年)[4] 末期。由于东部沙漠的黄金供给大幅下降、第三瀑布区域的金矿尚在开发之中,因此从阿蒙霍特普三世(在位时间:约公元前 1390 ~ 前 1352 年)到拉美西德时期,在阿布瑞－德尔格(Abri-Delgo)这一河段的黄金开采活动很可能已经开始。

动物是努比亚人生活中不可或缺的一部分。从努比亚各地的岩画中可以看到大量动物形象，如长颈鹿、大羚羊、瞪羚、猴子、驴、大象、河马、犀牛、鸵鸟和野兔等。努比亚人常用象牙或河马的牙齿制作首饰和装饰物品，尤其从科玛时期开始广为流行。和黄金一样，象牙还被用于制作头枕、小雕像以及家具内饰。象牙镯子在古王国时期也很流行。

努比亚人饲养了大量的牛，这不仅解决了奶、肉的供应问题，而且牛皮还可以用来制作鞋子、腰带、箭袋、皮包、甲胄和马具等。南部省份是主要的原料和动物出口地，同时也是制成品进口地。在埃及的古希腊－罗马（Graeco-Roman）时期，到努比亚旅行的人不断增加，部分人是前往麦罗埃购买战象。努比亚人很可能在战争中使用了大象，这一点可以从位于穆萨瓦拉特伊斯－速夫拉（Musawwarat es-Sufra）的"大围场"（the Great Enclosure）里的许多大象雕像（见图4）得到印证。有人认为该处地点曾被用来训练大象，但事后被证明并无依据。麦罗埃统治者用大象换取了许多用银、青铜和玻璃制成的奢侈品。贸易是麦罗埃时期的主要经济活动，这一点从麦罗埃、纳帕塔和卡瓦（Kawa）三地的位置可略见一斑。这些地点均位于沙漠中主要道路，即巴育达大道（Bayuda Road）、麦黑拉大道（Meheila Road）和克罗斯库大道（Korosko Road）的终点[5]。对上述道路控制权的争夺导致努比亚和阿克苏姆的冲突加剧，这两个依赖原料出口的帝国为获得

图4 位于穆萨瓦拉特伊斯-速夫拉的大象雕像

主导地位一直在争斗。

贸易并非仅限于战象和原料，有些学者认为麦罗埃统治者也从事奴隶贸易活动[6]。有些古埃及法老曾公开炫耀自己从对南方的战争中带回的努比亚战俘数字，其实这些战争的目的就是获取奴隶。这些人作为战俘或奴隶被带回古埃及，因此在托勒密时期的亚历山大（Ptolemaic Alexandria）看到黑人已经是一件司空见惯的事儿了。从位于纳伽（Naqa）的狮神庙（Lion Temple）的塔门上我们可以发现奴隶贸易的证据，另外在穆萨瓦拉特伊斯-速夫拉的狮子神庙的内墙上还可以看到俘虏和大象的形象。所有这些浮雕上都有被绑缚的犯人，看上去栩栩如生，这和古埃及浮雕

上那些被绑缚的囚犯很类似。由于活着的犯人才有价值，所以这些人自然成了麦罗埃经济活动的一部分。

实际上，根据中世纪时期（约公元500～1500年）的《巴克特条约》（the Baqt Agreement），这些奴隶被送往埃及以交换亚麻制品。此外，约翰·刘易斯·伯克哈特（John Lewis Burckhardt）在1822年4月17日至5月17日对深迪进行了考察，他认为当时经济生活中最重要的内容就是奴隶贸易。他估算了一下，每年在市场上被卖出的奴隶大约有5000人，其中约半数被索阿克因（Souakin）商人买去，另有1500人被埃及商人买走[7]。伯克哈特还提到在他考察期间仅埃及就至少有4万名奴隶，而这还是最保守的估计[8]。

盐业也是一项重要的经济活动。宗教仪式中往往要用到盐，更具体地说是泡盐，这对神庙的选址产生了重要影响[9]。在索尼亚特（Sonijath）有一个努比亚神庙，它的位置就在紧邻最南端的盐矿矿床上。贝都因人（Bedouin）和阿布库尔人（Abkur）对这些盐矿进行开采，他们在食用面包和基斯拉（kisra，一种杂粮煎饼）时会在上面添加一些盐。当地人说，神庙周边长期以来一直有采盐活动，没人知道上述活动具体是从什么时候开始的。[10]

与狩猎和采集者不同的是，定居居民有限的食物种类无法满足他们每天对盐的需求，因此要在食物里添加一些盐。另外，盐还可以用来保存易变质食物、进行皮革（如牛皮）处理等。在埃及托勒密王朝时期，盐的生产由王室专营。斯特拉博（Strabo）是库施时期唯一对盐资源提出过看法的作家，而且还描绘了当地开采盐矿的情形[11]。因此，盐不仅对宗教礼仪十分重要，而且也是一种不可或缺的商品，这就解释了为什么索尼亚特的神庙会建在那处特定地点了。

由于既可以用来交换高档货也可以交换低档货，盐在西非和泛撒哈拉商路上也是一种主要商品。伯克哈特在1822年撰写了《努比亚之旅》（*Travels in Nubia*）一书，该书的主人公是几个部落酋长。库施统治者对盐的使用应该和这些酋长如出一辙。高浓度的盐分布于布维达（Buweida）的塔拉格马（Taragma）地区。他在书中提到，阿拉伯人把含有大量盐分的土壤堆在道路两旁，然后放入大陶罐里蒸煮以便将盐分离出来，分离出的盐再在小容器里煮一遍[12]。这些盐在开采和处理后成了块状，外观看起来与岩盐差不多，然后装进篮子在全苏丹进行售卖。作为深迪地区的主要商品，盐业贸易由其统治者——"莫克"（*Mek*）独家控制，伯克哈特到访时他有大约20个蒸煮盐的大陶罐[13]。森纳尔（Sennar）商人在布维达大量购买盐，然后运至阿比西尼亚（Abyssinian）边界交换黄金和奴隶。

努比亚社会

努比亚社会伴随着其历史进程不断发展。在早期阶段，人们修建居所时多使用当地季节性产出的易腐材料，如此，人们便可以根据畜群和植物生长情况进行季节性迁

徒。随着定居生活越来越普遍，人们开始用泥砖修建房屋，用石料作地基。他们根据空间情况将屋墙设计成弯曲或平直形状，房子分为公共区域和私人区域，一栋房屋通常能容纳一家几代人居住，房子外修建起围墙以起到防护作用。最后，社会阶层分化开始显现，从房屋的大小、死者陪葬物的档次和数量等可略见一斑。

毫无疑问，家畜有很多用途，因此对人们的生活十分重要。当地人典型的装束包括各种皮装，比如男人的束腰和女人的褶裙。另外男人和女人都可以在皮制腰布上穿着亚麻外衣和短裙。在纳帕塔时期（约公元前 800 ~ 前 300 年），男人和女人开始穿着一种称作"库施披风"（Kushite cloak）的新服装，这是一种能罩住短裙和连衣裙的带边饰的斗篷，能在一个肩膀或两个肩膀扎起来。他们穿着拖鞋或赤足行走。努比亚人从早期开始就喜欢用珠宝装饰自己，他们能利用次等宝石、彩色陶器和金属制作手镯、项链、戒指和耳饰等。

在历史上，努比亚弓箭手声名卓著，然而我们对其军队的组织结构却知之甚少。就像古代和现代的许多文化一样，努比亚的统治者应该就是其军队的指挥者。成为军队一员到底是一种职业还是一项临时性安排，尚无法确定。尽管如此，国王或女王很可能拥有一支常备的安全防护部队。如果不在军队服役，努比亚男人就要从事田间劳作，照料家畜或从事建筑劳动；女人们则负责持家，从事陶器制作、织布等手工艺劳动，另外就是照顾孩子。

除商业外，努比亚经济还依赖农业和畜牧业。努比亚人经常与北部和东部邻居进行贸易，在历史的多数时期都存在着物物交换的机制安排。我们认为在基督教时期（公元614～1400年）之前，货币的使用范围并不广泛，硬币并非是在所有场所都能被普遍接受的货币。

文化和理念的交融

不可否认的是，努比亚和埃及从早期开始就存在着广泛联系。然而，历史上对这些联系的研究更多集中在埃及对"次要"的努比亚文化发挥的影响。因此上述研究不能得出这样的结论，即努比亚本土文化是一种独立的文化。近来，有更多研究开始聚焦于努比亚在保持自身文化元素的同时是如何借鉴和吸收埃及文化的。这就是所谓的"文化交融"（Cultural entanglement）。这种交融有利于营造一种更具引导性和包容性的研究方法，从而避免在研究中褒奖某种文化传统而贬斥另一种文化传统的倾向[14]。

通过对当时已经出现和发展起来的文化和生物学联系进行研究，我们可以看出第三瀑布地区的通布斯（Tombos）遗存所展现的埃及新王国对努比亚殖民，以及向纳帕塔时期过渡阶段的文化交融情况。这些新王国殖民时期和纳帕塔时期的建筑的确有许多埃及元素。尽管如此，努比亚的建筑风格在丧葬文化中仍清晰可见。丧葬活

动在文化表达中是一种不可或缺的元素，能显示某一族群是如何看待死亡和来生的[15]。

在通布斯，墓穴的上部结构为努比亚风格，但从墓穴本身可以看出埃及和努比亚两种文化的影响，比如有零星证据显示棺木和木乃伊的使用，埃及神祇［特别是拜斯（Bes）、卜塔－帕泰克斯（Ptah-Pataikos）、伊西斯（Isis）和哈索尔（Hathor）］的护身符，将死者放置在努比亚风格的尸床（Funerary bed）上，有些情况下还会将死者尸身置于弯曲状态[16]。在西阿马拉（Amara West）和萨纳姆（Sanam）发掘中获得的证据也显示了埃及和努比亚的丧葬习俗，同时还有两种文化风格的随葬物品[17]。

埃及化模式（Egyptianization model）指的是一种观念，即文化从北方向南方的转移（也就是说从埃及至努比亚）而不是相反。对这种观念的思考也是十分重要的。这种观念实际上并不能准确反映两种文化的联系。埃及化模式的一个假定是社会各阶层都渴望采用埃及的符号和思想，然而该模式并未说明不同文化群体的文化互渗程度[18]。在努比亚，许多族群很少或没有从借鉴埃及生活方式中获得任何价值。此外，埃及化模式并未说明努比亚对埃及文化的影响。这方面的著名例证包括为阿蒙和瑞（Ra）神赋予的公羊形象，修剪过的卷发，以及士兵、农夫和工匠穿着的皮制褶皱短裙等。在互动过程中，文化和思想在两个国家之间实现了转移，从而实现了互动。最终，埃及和努比亚之间的文化交流并不是简单地、线性地沿着一个方向运动,而是平等地相互影响着。

进入努比亚的旅行者

欧洲旅行者早在 18 世纪就开始奔向南方去探访努比亚这片土地,其中最早的一个人是丹麦的海军上校弗雷德里克·路德维格·诺登(Frederik Ludwig Norden,1708—1742)。他曾造访了位于下努比亚由拉美西斯二世(Ramesses Ⅱ)修建的戴尔(Derr)神庙,并生动记述了沿途看到的风土人情,其游记《埃及和努比亚游记》(*Voyage d'Egypte et de Nubie*)在他死后的 1755 年正式出版发行。

自 1798 年拿破仑入侵埃及之后,更多欧洲人对埃及和努比亚产生了浓厚兴趣,于是在整个 19 世纪经常有人来探访这片神秘的土地。受穆罕默德·阿里·帕夏(Muhammad Ali Pasha)的委托,旅行家、矿物学家弗雷德里克·卡约(Frédéric Cailliaud,1787—1869)和地理学家、探险家、工程师路易斯·莫里斯·阿道夫·利南·德·贝勒丰(Louis Maurice Adolphe Linant de Bellefonds,1799—1883)曾赴苏丹调查当地绿宝石和黄金资源情况。卡约的足迹甚至远达南部的麦罗埃,他在其撰写的《1819 年、1820 年、1821 年和 1822 年赴麦罗埃、白尼罗河段的法祖克尔、森纳尔、索瓦以及 5 个绿洲旅行记》(*Voyage à Méroé, au fleuve Blanc au delà de Fazoql, dans le midi du royaume de Sennar, à Syouah et dans cinq autres oasis fait dans les années 1819, 1820, 1821 et 1822*)一书中详细记录了位于麦罗埃的几个金字塔的情况。作为第一个到访穆萨瓦拉特伊斯-速夫拉和纳伽的欧洲人，贝勒丰详细地记录了在旅途中发现的石碑。

英国旅行家乔治·沃丁顿（George Waddington，1793—1869）在18世纪20年代来到努比亚，正值奥斯曼帝国将领穆罕默德·阿里·帕夏征服该地的时期。他在1822年出版了自己的努比亚游记《埃塞俄比亚部分地区游记》（*Journal of a Visit to Some Parts of Ethiopia*）。他认为自己在游历捷贝尔·巴卡尔（Jebel Barkal）时找到了麦罗埃，但他的这一推断在卡约和利南·德·贝勒丰对努比亚的探险后被否定了。

1842~1845年，来自德国的埃及学家卡尔·理查德·莱普修斯（Karl Richard Lepsius，1810—1884）曾率领一只普鲁士探险队前往埃及和努比亚。他们穿越了两个国家的广袤土地，对沿途见到的石碑进行了记录。莱普修斯后来在1849~1856年出版了两卷本系列探险记《埃及和埃塞俄比亚的纪念碑》（*Denkmäler aus Ägypten und Äthiopien*），并将自己绘制的图和说明收录其中。由于记载中的许多石碑因当地修建堤坝致尼罗河泛滥而遭损毁，相关研究无法进一步开展，因此他们的记录对还原现场原貌发挥了关键作用。

20世纪掀起了一股努比亚研究热潮，各路人马纷至沓来并对其境内不同遗址展开了密集考察。读了乔瓦尼·贝尔佐尼（Giovanni Belzoni，1778—1823）的著作后，弗朗西斯·卢埃林·格里菲思（Francis Llewellyn Griffith，1862—1934）对埃及学的兴致被点燃了。于是，他开始在埃及三角洲的多处遗址从事挖掘工作，他的后半生都用在了卡瓦的努比亚遗址挖掘中。身为哲学家的格里菲思完成了对麦罗埃文字手稿的初步辨读工作。1907～1910年，英国埃及学家塞西尔·马拉比·弗思（Cecil Mallaby Firth，1878—1931）与乔治·赖斯纳（George Reisner）合作撰写了《努比亚考古调查》（Archaeological Survey of Nubia）一书，并在1912年完成了对纳帕塔附近的萨纳姆神庙的初步挖掘工作。1909～1914年，英国考古学家约翰·加斯顿（John Garstang，1876—1956）对麦罗埃王城进行了大范围挖掘。

美国埃及学家乔治·安德鲁·赖斯纳（George Andrew Reisner，1867—1942）在埃及和努比亚各地开展工作并取得大量成果，其中包括对努比亚都城，以及科玛、纳帕塔和麦罗埃等地的墓地和第二瀑布地区许多要塞的挖掘工作。鉴于他取得的诸多成就，赖斯纳被视为努比亚研究的奠基人之一。

自此之后，世界各地的数十个考古队伍陆续到来，他们在北苏丹开展考古工作，且断断续续地一直持续到今天，在此过程中有数不清的重要发现，为再现努比亚的历史和文化作出了卓越贡献。

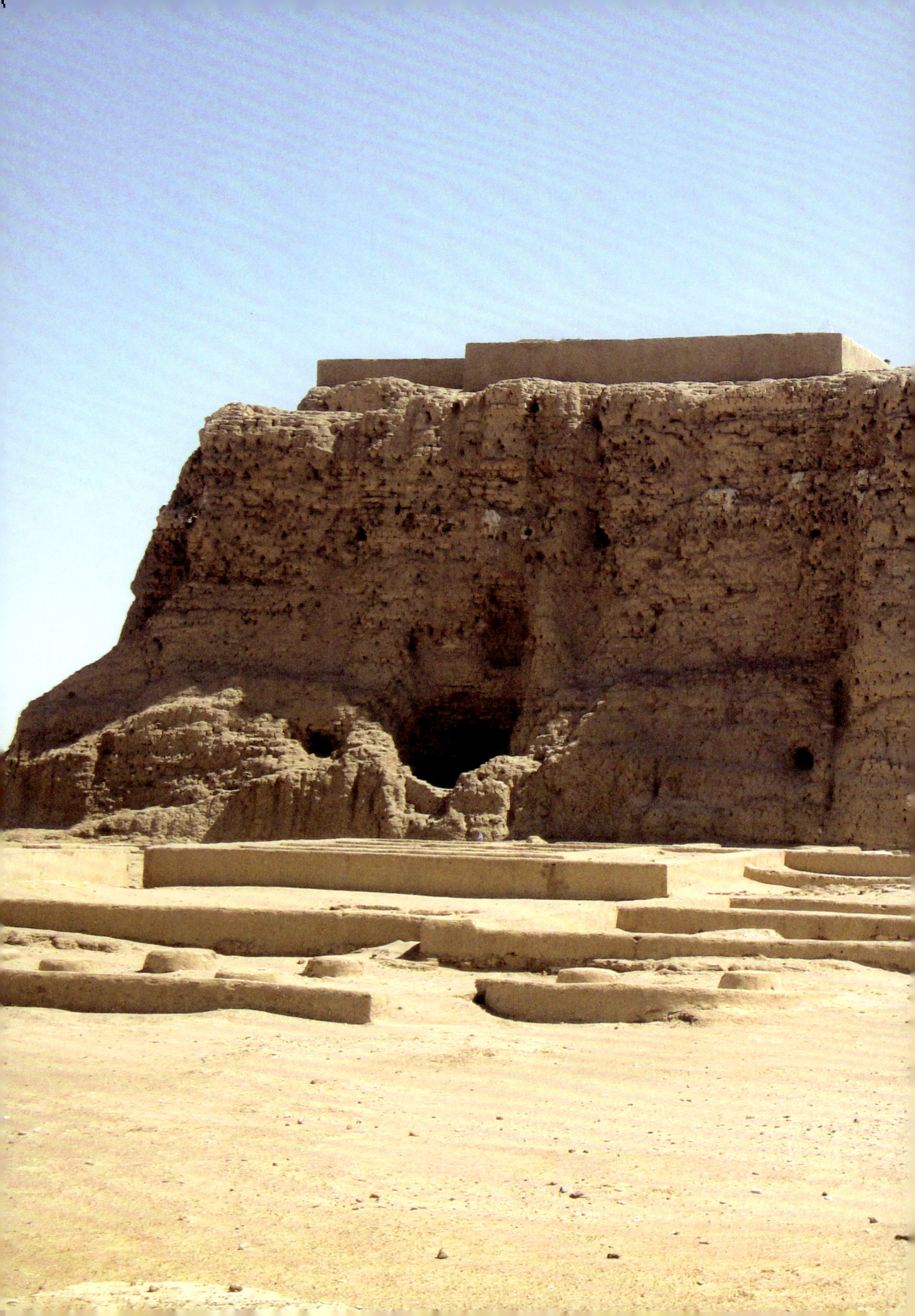

从游牧民到
引领者

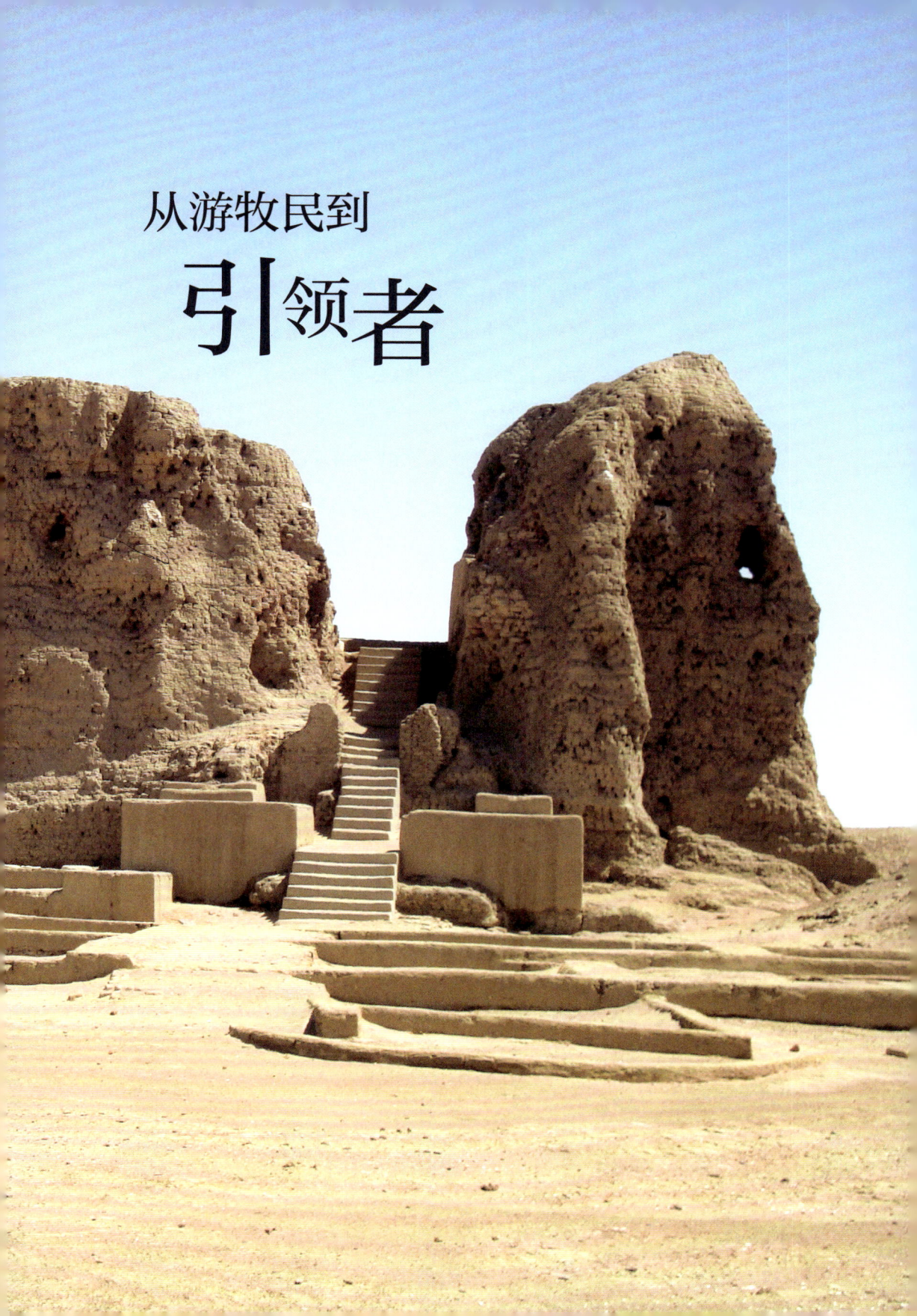

要解读一种拥有几万年历史的文化，确定从什么时候开始，无疑是一项极具挑战性的工作。努比亚的历史源远流长，远在古埃及新王国（约公元前 1550～前 1070 年）殖民之前就已经存在了，而且其内涵也很丰富。为说明其历史长度，我们打算从旧石器时代着手。这一时期非洲处于干、湿气候波动期，而今天的欧洲和北美地区正值冰期和暖期。在旧石器、中石器和新石器时代，石制工具一般用于狩猎、采集活动。以此为起点，我们将探讨气候变化如何改变了人们的生存策略、社会阶层，以及令人印象深刻的陶器和手工制品的生产。随着科玛王国的崛起，努比亚人成了古代非洲开发的参与者，而我们的探索之旅也将终结于此。

旧石器时代

在上努比亚和下努比亚，甚至喀土穆以南沿青、白尼罗河的区域，人们已经发现许多旧石器时代的文化遗址。这一时期可以分成旧石器时代早期（约距今 100 万～10 万年前）、旧石器时代中期（约距今 10 万～3.4 万年前）和旧石器时代晚期（约距今 3.4 万～1 万年前）3 个阶段。这里将所谓的"今"定为 1950 年 1 月 1 日。这个时间界定在考古学和地质学领域十分常见。旧石器时代之后的所有日期，相关标识将调整为公元前或公元。

从旧石器时代留下的动物遗骸可以看出，当时的气候比现在要湿润得多，大地上遍布着广袤的森林草原。在旧石器时代，多数人居无定所，生计主要依赖于狩猎和采集活动。由于当时的建筑材料都是树木和动物皮等易腐材料，因此今天已很少能看到这一时期的建筑遗存。尽管如此，我们还是发现了一些用于捕鱼和捕捉野禽的石质工具遗物。

旧石器时代最早的努比亚墓地位于第二瀑布附近的热贝尔遗址，死者被葬于椭圆形墓穴，里面通常都会有一些随葬品。通过死者骨头上嵌入的石头碎片，有人认为这些人是在领地争斗过程中被杀害的。遗留的骸骨表明当时这些人都很健康，不会在同一次争斗中全部损失掉。[1]

中石器时代

从地理上看，中石器时代（约公元前8000～前5000年）遗址可以分成两个部分，一个是位于第三瀑布以南、上努比亚地区的喀土穆中石器遗址区（Khartoum Mesolithic），另一个则是位于下努比亚的喀土穆演化区（Khartoum Variant）。喀土穆遗址都在尼罗河或其他季节性水源附近，而喀土穆演化区的遗址则位于第二瀑布和巴腾艾尔－哈加（Batn el-Hajar）地区附近。

上述遗址都分布着大片聚居区，里面还能找到磨石这

类手工制品，说明这里的居住者处于半定居状态。居民的生活主要依赖渔猎，另外还采集草和种子。[2]墓葬大多安排在住宅附近，死者一般右侧朝下，像胎儿那样呈卷曲状摆放，身旁没有陪葬品（见图5）。

众所周知，中石器时代的人类已经掌握丰富的石质工具制作工艺，那时的制陶业也逐渐发展起来了。这一时期出产的陶器质量已经具有较高水准，不仅陶壁薄，而且烧制效果也很好。[3]陶罐表面到处都刻着波浪线和令人印象深刻的Z形线条。另外，那时的人们还能用鸵鸟蛋壳和石片制作项链。

新石器时代

新石器时代（约公元前4900～前3000年）可以分成两个阶段，即早期或喀土穆新石器时代（约公元前4900～前3800年）和晚新石器时代（约公元前3800～前3000年）。今天的苏丹到处是沙漠，而在新石器时代，这里的环境则完全是另外一番景象，气候温暖而潮湿，在远离尼罗河，因缺水而被人们长期放弃的地区仍有人类居住遗址[4]。

专家们从密集散布的陶片、磨石和骨骼可以确定人类居住遗址的存在。向北，在远至第二瀑布地区，专家们发现了与喀土穆附近发掘的考古遗存相似的物品。这表明迁徙的过程是自南向北进行的，因为下努比亚本地的石器

图 5 在捷贝尔·沙哈巴（Jebel Sahaba）发掘的骸骨

与喀土穆地区的石器有明显区别。人们根据一年中的季节变化建设临时性营地，以便在旱季方便开展狩猎和采集活动。所谓房屋主要是用草席或苇席建成的小屋。有些营地可能布置了公用灶台[5]。

尽管在当时人们的生计仍依赖渔猎活动，但我们注意到在新石器时代有些族群已经开始饲养动物。[6]随着畜牧活动逐渐增多，人们的膳食中开始出现动物制品，比如肉、奶，可能还有动物的血。我们从考古资料中很难确定是否存在农作物耕种的情形，尚不清楚这些谷物遗存是野生的还是经过人类培育的。绵羊和山羊数量的增加说明当时的气候开始变得越来越干燥，这让新石器时代的努比亚人开始调整生存策略。[7]

在这一时期，努比亚人的制陶技艺与其先辈们相似，他们在生产的器具上通常都装饰一些点状和划出的曲线[8]。新石器时代后期，人们在钙化大口杯（见图6）上用手摇式印模加工表面，以白石膏填充其间，图案显得十分灵动。[9]另外，他们还继续制作诸如珠子、手镯和挂件等个人装饰物品。[10]

在新石器时代，墓地里都是圆形墓穴，遗体像胎儿那样呈卷曲状放置其中。也就是在这时，在遗体四周摆放陪葬品的习俗开始了，某个死者的身份、地位可以通过相关陪葬品的数量和质地来确定。[11]一些遗址上有标注墓穴的石碑，而在另一些墓地还能找到人和动物陪葬的证据。牛

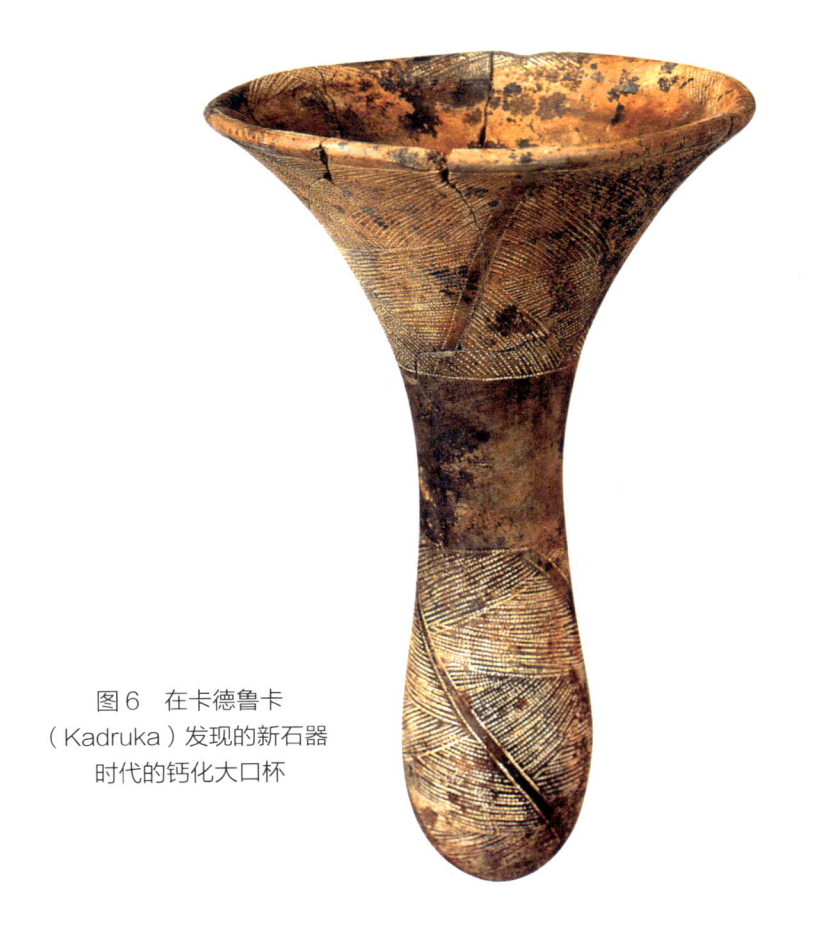

图 6　在卡德鲁卡（Kadruka）发现的新石器时代的钙化大口杯

的头骨（bucrania）也被当作祭品放在墓旁，从中可以看出牛在新石器文化中的重要性。[12]

A 群落

A 群落（约公元前 3800 ~ 前 2900 年）是一种主要以第一瀑布和第二瀑布之间的下努比亚为中心的文化。这一时期可以分成 3 个阶段，它们与上埃及的前王朝和早王

朝时期处在同一时代：A 群落早期［Early A-Group，奈加代（Naqada）文化一期和二期，约公元前 4000 ~ 前 3200 年］、中期（Classic A-Group，奈加代文化三期，约公元前 3200 ~ 前 3000 年）和晚期（Terminal A-Group，从奈加代文化三期至第一和第二王朝，约公元前 3200 ~ 前 2686 年）。这一时期的努比亚陶器和古埃及陶器有许多相似之处，因此，赖斯纳认为古埃及人这时已经向南迁徙并建立了新家园。尽管如此，A 群落被认为是一种典型的努比亚文化。

人们发现 A 群落与下努比亚此前同处新石器时代的族群存在着联系，但这一时期发生的显著变化表明，该地区正处在发展、进步中，比如培育谷物，新的家庭建筑结构，特定的红、白陶制容器的开发，以及丧葬活动等。由于家庭建筑结构上使用的都是些易腐败材料，因此我们所掌握的有关 A 群落的信息主要来自他们的墓地和死者身旁的陪葬品。

这一时期的陶器包括各种容器，它们的外部经过抛光，颜色为红色，其内部和边缘为黑色。这种风格的陶器常见于尼罗河谷地带，而且在奈加代文化时期就已经十分流行。在努比亚发现的容器都是本地生产的，这进一步诠释了两种文明在思想、理念方面的交流。尽管早期的古埃及和努比亚族群存在着互动和交流，但顶部呈黑色的陶器成了一种十分流行的样式。努比亚人在后来的 1500 年仍热衷于这种样式，而古埃及人早在此之前很久就已经弃用。

考古记录中没有多少关于房屋内部结构的内容，从很少的一些遗存中可以看出，所谓房屋都是临时建的茅舍，这种建筑有利于部族根据季节变化进行迁移。在这些茅舍中，有许多都是用泥土将草和芦苇黏合在一起后建成的。在一些营地，人们还可以找到灶台和储藏井的遗迹。在克罗斯库转弯处的阿菲亚（Afyah）遗址有个十分有趣的发现，在这里有几个石砌建筑遗迹，其中一个房子（约200平方米）有6个房间和几个储藏井，墙壁上还有灰浆和石膏涂抹的痕迹。[13] 此外，人们还发现了几件相关器物，如石质工具、兽骨和铜质锥子，以及埃及和努比亚风格的陶器。从这个房间的复杂布局可以看出，当时社会中有些精英成员已经开始接受定居的生活方式了。

考古记录中有关作物培育的记载都是拼凑而成的，但有证据表明，当时种植的作物有小麦、大麦、扁豆和豌豆等。在非洲东北部和亚洲西南部，这些作物是典型的定居社会出现的标志。随着农业的出现，努比亚人也开始饲养动物，如山羊、绵羊和牛。A群落种植作物、饲养家畜，但这些活动尚无法满足人们的全部膳食需要，因此还要继续开展渔猎和采集活动以补充不时之需。此外，他们还要与别人进行交换以获得一些特定商品，比如酒和油等。

从这一时期的墓葬可以看出，当时的人比以前更关注

自己在死后世界的生活，社会阶层分化逐步显现，与其他文明，尤其是古埃及的贸易已经开始。这时的墓穴都是圆形和椭圆形的，另外还在一个侧面切出一间侧室。坟墓上一般不再建有其他东西，仅用大石板盖在上面。放入墓穴时，尸身像胎儿那样呈蜷缩状，头部通常朝向西边。在第一瀑布区域发掘的墓地中，包裹尸身的材料通常是草席或亚麻布，而在第二瀑布一带则使用动物皮。[14]

墓里的陪葬品都是些古埃及和努比亚器物，如陶器和石质容器、调色板、铜和石质工具，另外还有切割鸵鸟蛋壳而制成的圆锥碗（见图7）、香炉、黏土小雕像、用天青石制作的器物，以及印章等。除身边的各种随葬品外，人们还为死者佩戴上垂饰、手镯、护身符和象牙梳等。随死者陪葬或用于在墓地献祭的动物主要是狗、绵羊、山羊、羚羊和牛等。[15]在古埃及的黑尔拉肯波利斯（Hierakonpolis）遗址也有用动物陪葬的情形，因此努比亚人很可能是在效仿其北方邻居的习俗。

从A群落墓地获得的证据表明，这一时期的社会复杂性正在加深，阶层已经出现。从随葬品的数量和奢华程度不难看出死者的身份特征，比如年龄、性别和社会地位等。此外，从坟墓的规模及其与最奢华坟墓的相对位置也可以看出死者的身份和地位。尤其令人印象深刻的是已经挖掘的古斯图尔（Qustul）L墓地和赛亚拉（Seyala）137号墓地。这两个墓地均位于第一瀑布和第二瀑布之间。在

图 7　Ａ 群落时期用鸵鸟蛋壳制作的圆锥碗

古斯图尔，已经发现其中的 8 个特大坟墓属于一个统治阶层。[16] 这些墓葬呈矩形，在墓的一侧还挖出一个侧室。许多墓葬为多人合葬墓，死者的年龄和性别不一。残存的木床为我们提供了努比亚人这种殡葬传统的一些最早证据。除木床外，墓中还发现了做工精致的陶器以及从古埃及和近东地区进口的物品。在赛亚拉的 137 号墓地也发现了早期的社会复杂性证据。在 1 号墓里发现的物品尤为丰富，其中包括两个手柄包金的古埃及权杖，这两个权杖中较小的一个在手柄上还刻有精美的图案（见图 8），上面共有 5

图8 权杖上的动物图案，出土于赛亚拉

种动物，其中包括一头脚踩两只相互缠绕的蛇的大象。这件物品很可能是古埃及统治者送给努比亚部族首领的礼物。

到 A 群落结束时，当地的酋长领地已发展起来，这多少让古埃及人觉得其南部边界受到了威胁。专家们在第二瀑布附近的捷贝尔·沙伊克苏莱曼（Jebel Sheikh Suleiman）发现了古埃及早期王朝的一幅粗糙雕刻，上面刻画的是古埃及国王战胜努比亚人的图案[17]，见图 9。画面右侧表现的是 4 名被打败的努比亚人被押在船下，第 5 个人的脖子被绳索捆在船舷；画面的左侧是另一个努比亚人双手被捆在背后的场景。画的中央是两个圆环，里面各有一个"X"标志。这是古埃及人用两个圆环上的图案分别表示某个地名。这幅雕刻的时间目前尚无定论，因为在 serekh〔一种上方端坐着何露斯（Horus）猎鹰的王宫正面图案〕上没有清晰标出国王的姓名。从阿比多斯（Abydos）出土的第一王朝国王德耶（Djer）的

图 9　在捷贝尔 - 沙伊克苏莱曼发现的雕刻画

墓中发现了许多珠子项链以及象牙制品（见图10）和青金石器物，其中有几个 *serekh* 与这里发现的很相似，其中猎鹰位于建筑物正面上方，二者之间是若干个点。[18] 这座雕刻画在被纳赛尔湖（Lake Nasser）水淹没之前已经被移走，现收藏于喀土穆国家博物馆。A 群落的人在古埃及第一王朝晚期或第二王朝早期时被逐出下努比亚，在此后的600年里未曾返回该区域。[19]

图10 从德耶墓中出土的象牙制品，时间为早期王朝时期

C 群落

C 群落（约公元前2400或前2300～前1600年）也处在第一瀑布和第二瀑布之间的下努比亚地区。这一时期可以分成与上努比亚的科玛文化和古埃及古王国的第二中间期（the Second Intermediate Period）处于同一时期的3个阶段：C 群落早期［约公元前2685～前2008年，科玛早期（Kerma Ancien）/古埃及第六王朝至第八王朝］、C 群落中期［约公元前2008～前1685年，科玛中期（Kerma

Moyen）/ 古埃及第十一王朝至第十三王朝初］和 C 群落晚期［约公元前 1685 ~ 前 1550 年，科玛古典期（Kerma Classique）/ 古埃及第十三王朝晚期至第十七王朝］。对 C 群落进行鉴定时，赖斯纳实际上将它视为一种纯粹的努比亚文化，而非某种受古埃及影响的文化。

C 群落的文化可能并非源自下努比亚，而是来自上努比亚向北迁徙、可能与科玛文化共源的某些族群。也就是在这一时期，为监控人口流入该区域，古埃及古王国发动了对努比亚的入侵。在第五王朝（约公元前 2494 ~ 前 2345 年）那份称作帕勒莫石（Palermo Stone）的国王名录中记载了某次战役的片段。[20] 碑文上记载着一群被打败的努比亚人遭古埃及军队砍杀的情形。埃及人在这次战斗结束后带回 7000 名战俘和 20 万头牲畜。若这组数字没被夸张的话，则该战役无疑是对努比亚人的一次灾难性打击。

和 A 群落的情形一样，有关 C 群落的信息多数来自他们的墓地。C 群落的墓葬与其祖先类似，墓室一般都呈椭圆形或长方形，死者像胎儿那样全部或部分蜷曲着身体，身体右侧朝下，头部向右置于墓中。死者身上装饰着珠子项链、手镯、护身符以及在科玛早期（约公元前 2500 ~ 前 2050 年）墓葬中也能找到的发环。墓中的陪葬品被放置在死者四周，这些器物有些是本地生产的，有些则是进口的。墓葬中金属器物很少，但在有些墓中能找到青铜镜和匕首。

不同于 A 群落的墓葬，C 群落的墓葬已经有上层结构——墓塚。这种风格在科玛早期及以后很常见。在 C 群落的后期阶段，为方便祭奠者供奉祭品，有些墓塚在右侧出现了用长方形泥砖修建的一段延伸区域。这种布局与古埃及墓葬的上层结构很相似。

这一时期的陶器延续了之前 A 群落的黑顶红身风格，同时还继承了努比亚本地那种带有几何图案、外表抛光的制作手法。陶器烧制后，再用白垩或滑石作为装饰元素进行填充，于是在黑色背景上便呈现出白色图案，这些都是 C 群落的典型特色（见图 11）。不过，努比亚陶器仍采用纯手工制作，而同时期的古埃及已经开始使用转轮了。

在 C 群落的早期阶段，人们仍根据季节变化居住在临时性营地，但从一开始 C 群落的社会结构中就已经有不

图 11　在法拉斯发现的 C 群落酒杯

同阶层了。酋长们似乎居住在永久性住宅中。[21] 考古学家在阿尼拔发现了一个村庄遗址，里面都是比较早期的帐篷屋，每个屋的中央都有一根柱子和一个炉灶。在上面一层，专家们发现了用泥和石头砌成的半地下房屋，其结构有的是单个房间的住宅，有的则是拥有若干个房间的住宅[22]。阿尼拔遗址的最上层出现了小型、长方形泥砖房屋，这与古埃及风格的房屋很类似。C 群落中晚期聚居地的一个最佳例证位于艾斯－色巴河（Wadi es-Sebua）遗址，那里有100 多座用石头建造的房屋。这些房屋有的是圆形的，也有的是长方形的，房屋四周则是用于防卫的围墙。这种结构与阿尼拔遗址上面一层的房屋结构有相似之处。[23]

这个时期的努比亚人仍在从事畜牧活动，他们饲养绵羊、山羊，特别是牛。在努比亚人眼中，牛是很珍贵的，而且也是其文化理想的核心。考古学家从墓地发掘出了牛的泥塑模型和牛头骨，另外在 C 群落的石碑、陶器和岩画上也能看到牛的身影。身份较为高贵的成员，其墓葬往往很大，而牛头骨一般都和这些大型墓葬有关。C 群落的人在多大程度上参与农业活动，目前尚不清楚，但在这一阶段晚期发生的向定居生活方式的转变表明，他们在一定程度上已经开始从事农业活动。

有些古埃及官吏在墓碑上刻有本人自传，人们可以在上面发现努比亚与古埃及在这一时期的联系情况，后续我们将讨论这一话题。根据墓碑所记载，古埃及人会遇到许

多久居于当地的努比亚族群，表明努比亚在 C 群落时期已经相当繁盛。第六王朝时期（约公元前 2345～前 2181 年），有个在阿斯旺任职的古埃及官员，他的官职为"南门护卫"或"外国监督"，说明努比亚当时已经是埃及南面的一个重要国度，而且还对埃及的繁荣和主导地位构成了一定威胁。[24]

古埃及古王国在第六王朝时开始走向衰落，这时的古埃及人可能不再像第四和第五王朝鼎盛时期那样可以凌驾于努比亚人之上了。此外，古埃及人在第六王朝时还放弃了第二瀑布地区的布亨聚居区，以及之前曾在古王国很出名的闪长岩露天矿。在第一中间期（约公元前 2160～前 2055 年），努比亚和古埃及维持着相对平和的关系，因此下努比亚当地统治者得以巩固自己的统治并将注意力转向北方。为了将自己的邻居控制在南方，古埃及中王国第十二王朝的国王们在第二瀑布地区修建了一系列要塞。这一时期，古埃及人已经有能力对进出努比亚的货物和人员进行有效控制，因此 C 群落首领们积累起来的权势在一定程度上受到了制约。[25]

古埃及人在第二中间期（约公元前 1650～前 1550 年）对努比亚人的控制渐弱，于是科玛人借机向北方扩展。新王国时期，古埃及人开始向努比亚殖民，与 C 群落文化相关的证据也随之消失了。

前科玛时期

前科玛时期（约公元前 3000 ~ 前 2500 年）与下努比亚 A 群落的中后期阶段处在同一时期，其中心位于第三瀑布的上努比亚，最北可延伸至第二瀑布。从发现的遗存来看，其时间多数可以追溯至 A 群落后期的几个阶段。另外，有证据表明早在公元前 4700 年，这一带就已经有人类居住，说明该遗址被使用的时间还要长得多。首先识别并确定这一时期的是查尔斯·邦尼特（Charles Bonnet），他从 20 世纪 70 年代以来一直在该遗址参加挖掘工作。

在已经挖掘出的聚居区中，有一处就位于科玛东墓地（Eastern Cemetery）的下方。尼罗河在新石器末期开始逐渐干涸，居民们遂向西迁移至科玛遗址，于是这里就成了古努比亚的第一个都城。此前，这里已经出现定居社会，前科玛时期的居民们有的放牧，有的则从事农业生产。[26] 前科玛的居住区在后来的科玛中期被开辟成了墓地。

从柱洞的位置可以看出在该遗址上有几种建筑，包括 50 个圆形茅屋、两个长方形建筑以及围墙和动物围栏等。[27] 圆形茅屋的直径在 1 ~ 7 米，表明它们有不同的功用。茅屋的基础是将编织的树枝置于柱子之间，然后再糊上泥土；屋顶呈圆锥形，所用材料为芦苇或草，这种屋子如今在东非地区仍能看到。[28] 较小的柱洞环形区域表明这里很可能

是家畜的围栏，而较大的区域则是会议场所或地位较高者的居住场所。[29]其中的一个长方形建筑为东西走向，前后共重建了3次之多；[30]第二个建筑位于聚居区的边缘，为南北向，这些建筑可能有特殊用途。

除柱洞外，目前已经发现285个储藏井，而根据推测这里应该有500个储藏井。[31]这些井里多数是空的，但里面很可能放着储存食物的罐子。在第三瀑布附近的塞岛（Sai Island）还发现了前科玛时期的一些遗物，比如井里有罐子和陶器的泥封，说明这是一个长期有人居住的地点。[32]位于科玛的储藏井应该是在这一地点被废弃之前就清空了，因为它们是被有意回填过的。[33]

考古学家们主要是通过对锅、碗和罐子等陶器遗物的鉴定来确定前科玛时期人类居住的情形。一般来说，这些容器的外表面都被抛过光，有时还饰有回纹图案。这一时期陶器的颜色多为黑色和红色。前科玛和科玛时期的陶器有许多相似之处，表明这些聚居区的承继关系和水平。但涉及这一时期努比亚与古埃及关系的证据并不多。

科玛时期

作为努比亚的第一个主要都城，科玛遗址的所在地位于前科玛聚居区往西4千米处。专家们将科玛时期分成3个阶段，即科玛早期（约公元前2500～前2050年）、科玛中期（约公元前 2050 ~ 前 1750 年）和科玛古典期（约公元前 1750 ~ 前 1450 年）。在最辉煌时，科玛王国的范围可能从第四瀑布和第五瀑布之间的库尔古斯（Kurgus）一直到北部的阿斯旺。

在埃及，考古学家在挖掘第二中间期和新王国的墓葬时发现了科玛古典时期的陶器，有迹象表明这里还存在一种尚不为人知的文化。早期的挖掘工作发生在 1913 ~ 1916 年，主要由乔治·赖斯纳负责。他在此期间发现了大量古埃及文物，如雕像、石碑和容器等，乔治·赖斯纳根据这些物品认定该遗址为一处埃及人聚居地[34]。邦尼特于 20 世纪 70 年代开始在此进行挖掘工作，专家们对赖斯纳关于科玛是古埃及人的一处前哨的观点再次进行了审视，最后发现这处遗址实际上是一个强大的努比亚文化的发祥地。

古都的中心矗立着一座用泥砖垒砌的纪念性建筑，这就是被称作西德芙法（Western Deffufa，见图 12）的该城的主要神殿。据早期到此游历的人说，古代努比亚人把利用未烧制过的泥砖所建的城防建筑称作德芙法[35]。与新王国殖民努比亚以后的建筑不同，来人到这座神庙时须从侧面进入。这座建筑在历史上被多次扩建，到科玛古典时期成了一处地标性建筑。

聚居区的扩展在西德芙法四周展开，见图 13。早期的住宅如帐篷和茅舍等与前科玛时期聚居区里的住宅很类

图 12　位于科玛的西德芙法

似，但这时的建筑材料主要是未经烧制的泥砖。到了聚居区发展的后期，神庙四周出现了许多附属小神庙以及作坊和库房等建筑。专家们在神庙附近发现了一座青铜器作坊，说明出土的青铜器中有些是在当地制作的。[36] 僧侣和统治阶层的住所都建在神庙附近，遗址东边的几个大型面包作坊为神庙提供祭品。到科玛时期结束时，西德芙法神庙已经成为该城最主要的景观了。

公元前 2000 年前后，努比亚人在这里修建了环绕整个城市的城墙，除墙体本身外，上面还建有堡垒和城门。城墙随着科玛人口的增加而不断扩大，随之防御系统也进一步加强了。为此，当地人在城墙的外表面垒上经烧制的

图 13　科玛聚居区的地形图

砖块，用石头加固了地基。[37]

专家们在神庙南面发现了一个圆形建筑，这种结构对科玛王室和普通民居而言都是很典型的。该建筑是一个大房子，高度至少有10米，四周用数根木桩和圆形泥砖墙为支撑，托在上面的是个圆锥形屋顶[38]。建筑内部是用一堵墙围成的一间屋子，与之毗连的是两个房间和过道。在科玛时期，这种建筑在埃及和中部非洲地区均没出现过，但后来出现在达尔富尔和苏丹南部地区[39]。

科玛古典时期出现了一种新型的宫殿式建筑，它已经取代之前那种又大又圆的屋子。这种建筑被清晰地分成3个不同部分，其中东部是王室聚居区，中间是放置国王宝座的房间和办公区域，西面是储藏区域[40]，另外宫殿北部有一个通往内庭院的廊道。在内庭院后面还有第二个庭院，必要时这里还可用于召开会议。

放置国王宝座的房间被安排在内庭院里，去往该房间须穿过一个前厅，该厅的两侧是几个可能用于存放档案的房间。门厅里有一个楼梯井，里面放着5000多个用黏土制作的印章，说明当时的货物运转已达到相当高的程度。宝座房间里的3个大柱子显示屋顶的高度有5米左右，其规模堪比科玛大墓园里的那个大型祈祷室[41]。放置宝座的房间被分成两个区域，第一个区域在房间的侧面，有两个入口；第二个区域是安放国王宝座的地方。国王宝座被安置在一个台子上，可通过一个斜坡或楼梯走上去。

该建筑的西侧部分为食物储藏区，另外可能还有家畜围栏。里面的两个筒仓直径约为 7 米，可储存 30 吨粮食。[42] 在科玛王朝最后几个国王当政时期，宫殿里的储藏区就是这种类型。

科玛东边的墓地建在另一个用泥砖建造的大型神庙——东德芙法（Eastern Deffufa）的四周。今天我们所能看到的仅剩下一些用于建造神庙的泥砖，其实在建造时神庙上还装饰了大量带釉面的陶片。专家们在靠近神庙正面的地方发现了嵌着狮子形象的大型彩色陶器的碎片（见图 14）。这种陶器应该是一对，分别被嵌在神庙入口的两侧。此外，神庙的墙上还曾装饰着非洲动物、划船、捕鱼和斗牛场面的壁画。东德芙法与该墓地举行的最后一次王室葬礼（Kiii）存在着某种联系。

图 14　在东德芙法发现的带有狮子图案的彩色陶片

这片墓地大约有 2 万个墓葬，时间可以追溯到科玛的 3 个不同阶段。墓穴有的是圆形，有的是椭圆形，上层建筑为土质或石质结构。墓穴里的死者都是右侧朝下，呈蜷缩状置于皮制遮盖物下。这里出土了一些遗留下来的衣物，比如在一个遗骸上发现了一块缠腰布、一件扎在腰部的长裙，其上身穿着一件用皮革或亚麻制作的服装[43]，这些服装上还装饰着彩色陶制饰品或在衣料上缝上一串串用蛋壳制作的珠子。有些女性墓葬显示她们的头上装饰着皮制发网[44]。死者一般也穿着带有装饰的凉鞋。科玛人并没有把死者制成木乃伊的传统，通常他们不会把死者放入棺材而是放在一张床上，这种做法在科玛早期结束时已经很普遍了。[45] 这些尸床上通常都镶嵌着用青铜或象牙制作的动物和神秘生物（见图 15），比如带翅膀的长颈鹿，以及

图 15 科玛时期尸床前的脚凳复制品

努比亚版本的古埃及塔韦莱特（Taweret）女神。此外，墓穴中还放置了许多随葬物品，如木或骨制戒指、耳饰、串珠项链、陶器以及用鸵鸟毛制作的扇子等。

在努比亚和古埃及军队中服役的努比亚人有许多是出色的弓箭手。发掘的情况显示，这些士兵的墓葬可以追溯到科玛早期，里面的陪葬品有一张弓、装着箭镞的箭袋和他们生前佩带的短剑。有的尸骸上还能找到戴在拇指上的扳指[46]。

在科玛中期，用绵羊和山羊作随葬品的习俗越发流行起来了，此外人们还会在墓穴西侧修建祈祷室并在里面摆放祭品。死者仍被放置在尸床上，四周摆放着珠宝、陶器和用鸵鸟毛制作的扇子等物品。社会阶层的分化在这一时期变得更明显了，而且出现了直径在 30～40 米的大型墓葬，里面埋葬的很可能是科玛中期的王子或国王。

科玛王国在科玛古典期建立起了复杂的政治和宗教系统。国王的墓塚极大，直径长达 100 米，巨大的上层建筑下面是用泥砖砌成的墙体。墓塚的中心位置是安放国王尸身的带有拱顶的墓室，通往墓室的墓道旁有一列人类尸骸，这些人都是被安排在死后世界侍奉国王的陪葬者[47]。这些墓葬里有大量随葬物品，如镶嵌着象牙和青铜的床、雕像和各种容器等。

这些墓葬的规模、陪葬物品的奢侈程度以及为统治者殉葬的动物和人类等为我们提供了当时社会阶层分化的直接证据。用人类为王室和贵族陪葬这一做法是科玛王国

日益强大的一个结果。这种情形应该是社会动能（social dynamics）变化的一种结果，当时因不同原因，社会中的一些非贵族成员受制于贵族和王室，他们在贵族和国王去世时通过献祭来偿还自己的债务。[48] 目前尚不清楚这些献祭者是否是被杀死的，但尸骨遗存表明这些人应该是被毒死的或者是因窒息而死。[49]

专家们还找到了当时举办丧葬宴（funerary feast）的证据，他们在墓地北部发现了一些底部朝上的容器，看来这种做法是想让生者与死者共享食物。[50] 除容器外，专家们还发现了用于过滤啤酒的麦秆，这表明当时人们在纪念性宴席上使用了这种用麦秆制作的器具以营造强有力的社会纽带[51]。在南部一些墓葬中发现的牛头骨（见图16）也可能与丧葬宴有关。通常墓中埋藏的牛头骨数量各异，其中有一个

图16　在科玛墓葬旁发掘出的牛头骨

可能是科玛中期时王室成员的墓葬，里面发现了 4000 件牛头骨。[52]

科玛时期的陶器与 C 群落的陶器很相似，也许两个族群存在着长期联系，或者二者本身就是同源的。这些手工制作的容器一般都经过了抛光，顶（口）部为黑色，其他部分为红色，要么器皿通体呈黑色、红棕色或暗黄色。[53] 这些陶器上一般绘有菱形、波浪形或之字形等传统几何图案。在各种烧制工艺中，有一种最令人印象深刻的源自科玛古典期。在此期间，当地人在制作杯子或大口杯（见图 17）过程中会在黑色杯口和红色杯体之间加装一个灰色金属箍，具体做法是将杯子倒置在一种能在烧制过程

图 17 科玛古典期时期的大口杯

中发生氧化反应的有机物上。[54] 这些容器为我们直观地再现了科玛制陶者的高超技艺和制作水平。

我们还可以看到这些地域性聚居区在整个科玛时期的发展情况，实际上，它们的发展是与科玛这个作为宗教和政治中心的都城密切相关的。随着都城对物资需求的增加，吉斯姆艾尔阿坝（Gism el-Arba）H25 和艾斯塞雷姆（Es-Selim）R4 等聚居区也随之发展起来，并负责为都城提供农、牧产品和制成品。此外，这些聚居区还作为物资集散地，对扩大与周边部族的贸易发挥了重要作用。有证据表明，这些聚居区在整个科玛时期及以后的很长时间里一直都有人居住。从吉斯姆艾尔阿坝聚居区的建筑物遗存可以看出，这里的建筑与都城很相似。不同于以前的圆形茅屋，这里的建筑为长方形，通常修建在石头上或者用木头作地基。[55] 专家们在吉斯姆艾尔阿坝等聚居区发现了大量山羊、绵羊和牛的遗骸，这可能是与都城对动物及相关制品需求增加有关。[56] 随着对这些遗址的深入挖掘，我们会进一步了解都城科玛与这些区域中心的关系。

科玛的中期和古典期与古埃及的第二中间期（约公元前 1650～前 1550 年）同处一个时代，不过这时的古埃及已经逐渐衰落。结果便是，科玛统治者与三角洲的西克索（Hyksos）统治者组建起了一个联盟，他们分别统治着埃及北部和南部地区，而埃及本地统治者则继续统治着底巴恩（Theban）地区。这种局面几乎导致了古埃及的没落，然而公元前 1500 年前后，古埃及人又成功地击败了西克索和科玛统治者并最终实现了古埃及的统一。此后，他们又着手征服努比亚，并在以后的几百年时间里统治着努比亚的这片土地。

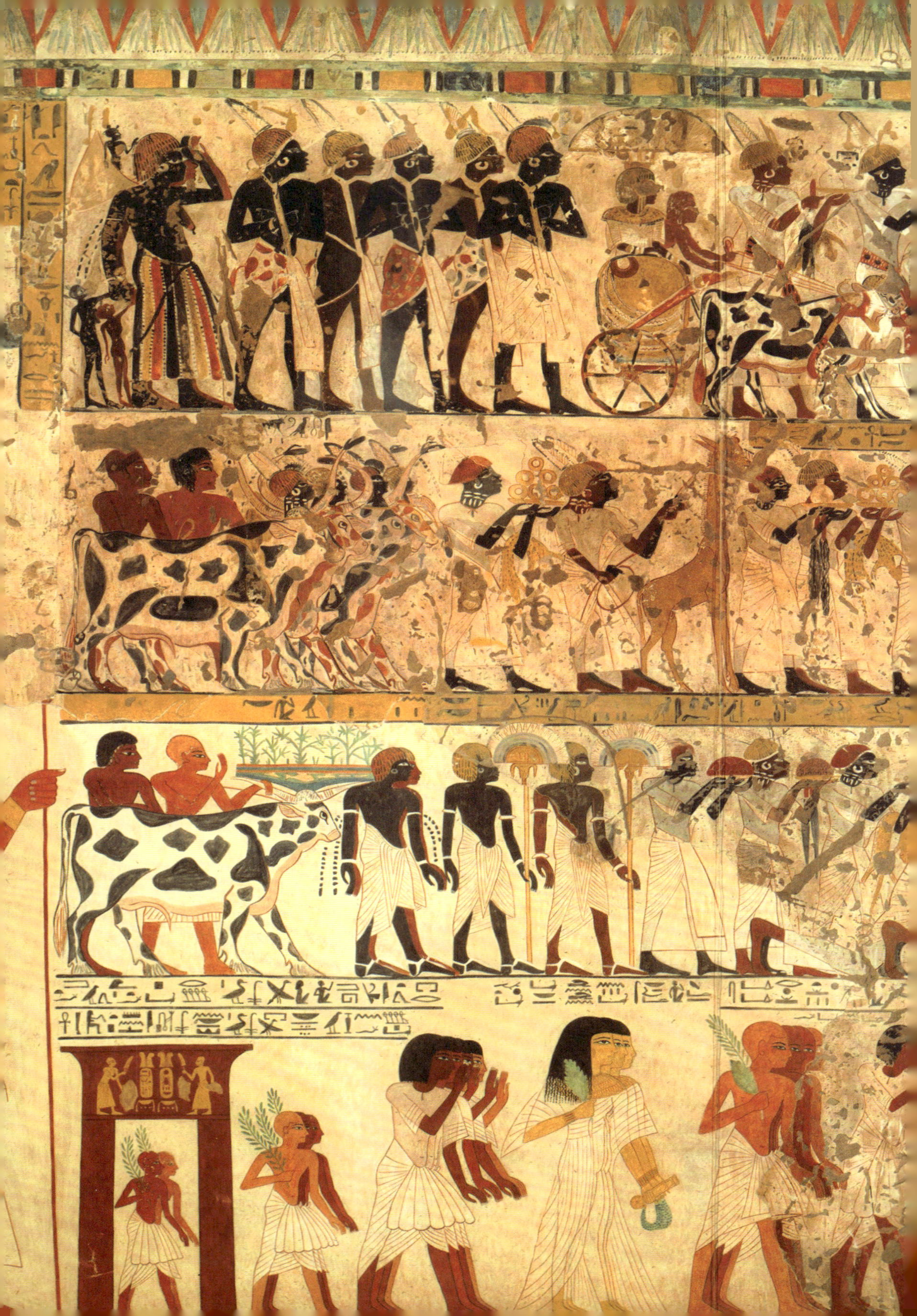

努比亚与埃及

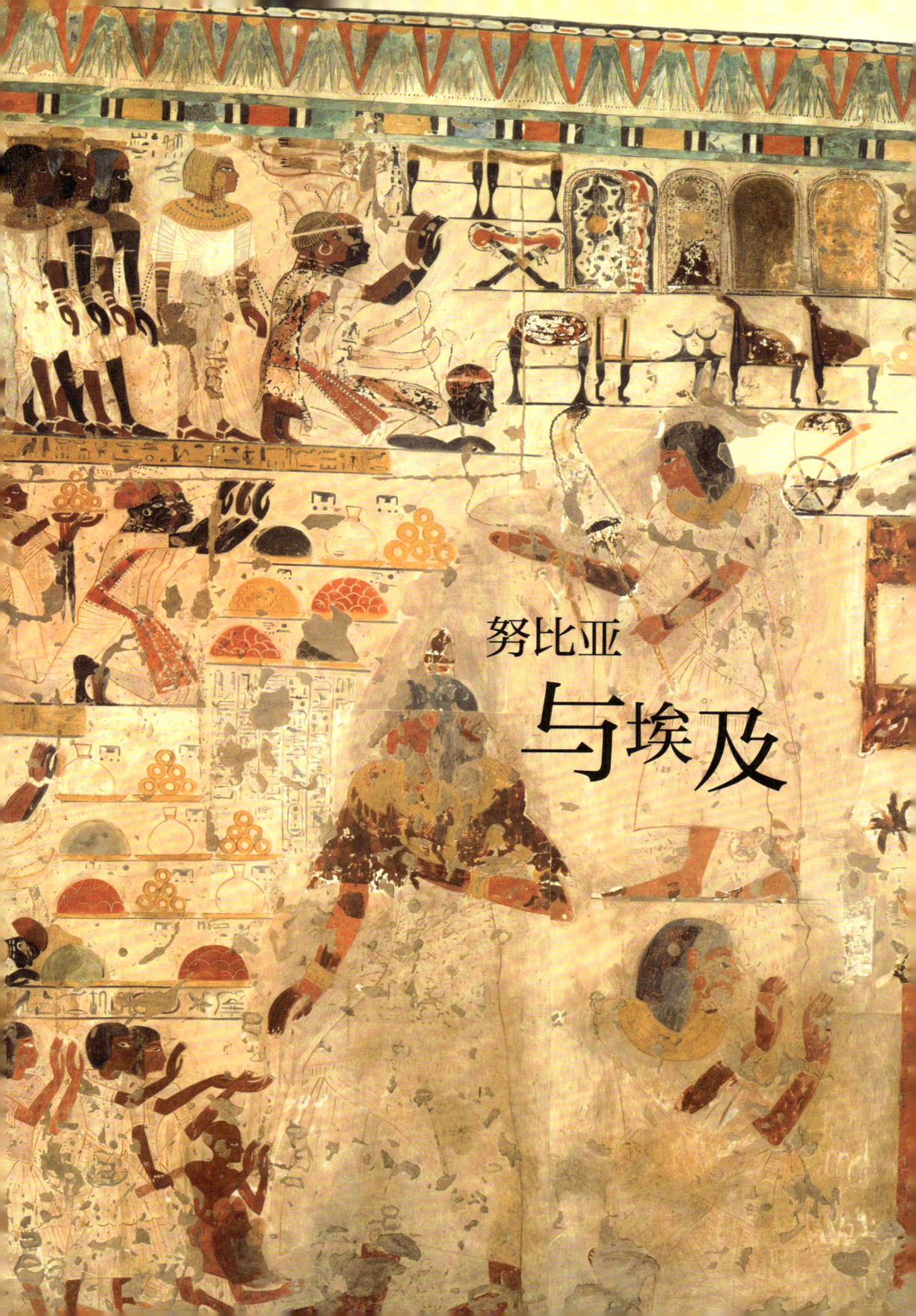

古埃及和努比亚的联系绵延了 3000 多年，用"亦敌亦友"形容二者的关系是最恰当不过的了。古埃及人把本国视为终极国家，将周边各国当成次等国家，因此只有在考虑它们如何为埃及服务时才有价值，努比亚自然也不例外。古埃及人用黄金确保了自己在古代世界中的地位，而努比亚为古埃及提供了其黄金用量的大部分。

毫无疑问，努比亚与古埃及的联系可以追溯到它们各自历史的初期，尽管如此，直到古王国时期这种关系才正式见之于古埃及的文献之中。相关艺术作品和文字描述为我们了解这种关系创造了条件，但要注意的是，这些记载中所反映的都是古埃及人的视角。我们从一些考古证据中发现，古埃及人并非总是掌控着话语权。

古王国时期的努比亚

因出于好奇而探索周边世界是人类的共性，无论古今概莫能外。在古埃及最早的历史记录中就有了反映它与努比亚关系的记载，到了古王国时期，这类记载就更多了。从文献中我们可以看出，古埃及人对其南方邻居的许多物产情有独钟，如黄金、象牙、乌木、宝石、动物及其皮毛等。

努比亚与埃及

努比亚与古埃及有时和平相处，有时则争执不休。第六王朝时，有古埃及官员前往努比亚开展外交活动，并将出访情况记录在墓碑上。上述记载很详细，包括出访过程以及他们带回古埃及的物品等。

已知的第一个前往努比亚的人是曾在泰蒂（Teti）、佩皮一世和莫勒恩拉（Merenra）国王时期在宫廷任职的维尼（Weni）[1]。他在莫勒恩拉国王时期被派往努比亚负责开采花岗岩，督造驳船并将之前被伊特叶特、瓦瓦特、亚姆和麦德加（Medja）统治者砍伐的金合欢木从瓦瓦特运出来[2]。他在不到一年的时间内便完成了这项工作，然后返回了古埃及。

在前往努比亚的人中，最著名的一个是曾在莫勒恩拉和佩皮二世时期任上埃及总督的哈尔胡夫（Harkhuf）。他曾先后4次率团出使努比亚，他的自传为我们深入了解古王国与努比亚的关系提供了素材[3]。第一次出访时他与父亲同行，两人的任务是"开辟通往亚姆的道路"，他们用时7个月顺利地完成了任务。执行第二次任务时他是一个人，这次他用8个月时间考察了伊特叶特、麦克赫尔、特勒蕾斯（Tereres）和勒提耶提（Iertjetj）地区。他在自传中声称，此前还没人探访过这些区域。哈尔胡夫第三次前往努比亚时又去了亚姆，他发现其统治者已经转移到西边的帖米胡（Tjemehu），于是又到那里去寻找他。这次旅行中，他发现伊特叶特、萨提乌（Satju）和瓦瓦特这几个地区已经实现

统一，说明此前这里曾发生过某种内部争斗。根据记载，第四次探访发生在莫勒恩拉的继承者——佩皮二世统治时期。除那些特有物品外，他这次还为年少的国王带回来另一件礼物——一个会跳舞的小矮人。佩皮二世很满意，记载中说："陛下一见到这个小矮人就十分欢喜"[4]。

古埃及人对努比亚的物产很喜爱，但他们不想死在那里，认为如果发生不测，当务之急是将死者遗体运回并安葬在埃及。举个例子，最后一个已知的前往努比亚的人是古王国时期的官吏撒布尼（Sabni），为接回父亲的遗体，他历经艰辛奔赴南方。[5]启程前，他准备了一批古埃及产品，然后带上几头驴驮着这些物品出发了。这些东西是他为保管其父遗体的努比亚人准备的礼物。为了妥善保护好父亲遗体，他从埃及运来一副带有盖子的棺木。回到埃及，他就在遗体周身涂抹防腐油，并按古埃及习俗下葬。因成功将父亲遗体带回埃及，同时还带回了父亲在努比亚采购的商品，佩皮二世对他进行了赏赐。

专家们在下努比亚发现了古王国时期古埃及人在布亨的一处聚居区，这表明当时古埃及与上努比亚之间已经建立起了贸易网络。古埃及人可以通过这座城镇开发这一地区丰富的自然资源，并将相关物品集中到一处进行登记、整理，然后运回埃及。印有第五王朝国王姓名的罐封和陶瓷碎片表明，这处行政中心在古埃及古王国强盛时期一直在发挥着作用。

分布于第二瀑布的诸要塞

在第一中间期,古埃及的权利中心逐渐分散。发现努比亚人对自己的控制构成了严重威胁后,古埃及人试图重新控制努比亚人及其资源。古王国在布亨建立的城镇为中王国统治者打下了良好基础,这些统治者在下努比亚的第二瀑布地区建立了一系列要塞。阿蒙尼姆哈特一世(AmenemhatⅠ,在位时间:约公元前1985～前1956年)开始在伊库尔(Ikkur)、库班(Kuban)、阿尼拔和布亨修建了泥砖结构的要塞。这些要塞都处在努比亚的关键区域,比如伊库尔和库班位于拥有金矿和铜矿的阿拉吉河和杰卜杰拜河(Wadi Gabgaba)的交汇处,阿尼拔则位于C群落领地的中心[6]。从阿蒙尼姆哈特一世到森沃思莱特三世(SenwosretⅢ,在位时间:约公元前1870～前1831年),古埃及人沿尼罗河修建并加固了15座要塞。

这些要塞里的秩序和管理极其严格、规范,里面有近500名士兵负责控制着C群落,同时还要监控探矿、采矿、冶炼并把炼好的金子运回埃及,此外他们还要与科玛这座不断扩大的城镇开展贸易。这些要塞并非全都用于军事目的,但古埃及人还是认为有必要强化相关设施,所以他们沿要塞四周用泥砖修建了用于防御的城墙。另外,他们还在城墙上修了不少堡垒以监控四周,如遭遇攻击,弓箭手们可以从这里发射箭镞。为了利用尼罗河并使之成为一道额外屏障,古

埃及人后来还在露出水面的岩石上修建了一些要塞。

这些要塞都自成一体，里面有聚居区及其他设施，如兵营、指挥部、庙宇、储藏室和保存粮食的筒仓等。这里出土的陶器遗存表明，要塞里不仅有古埃及人而且还有努比亚人。从发现的印章、军用票证、边境界碑以及被称作"塞姆纳快递"（Semna Dispatches）的信函等，我们便可以重现要塞里的一些活动。

专家们在乌洛纳提（Uronarti）要塞发现了一些圆锥形和圆形的军用配给证（见图18），它们看起来有点儿像面包片，是古埃及时期典型的支付形式。这些票证上都有刻痕，表明相应的粮食供给量[7]。在乌洛纳提还发现了用来给黄金称重的石质砝码（见图19）。黄金经过加工后都被运回埃及。[8] 我们从石质砝码上可以看到代表黄金（古埃及人称为nebu）重量的图案和线条。

图18 中王国时期军队使用的配给证。上面的标记显示出分发给士兵的粮食和物品数量

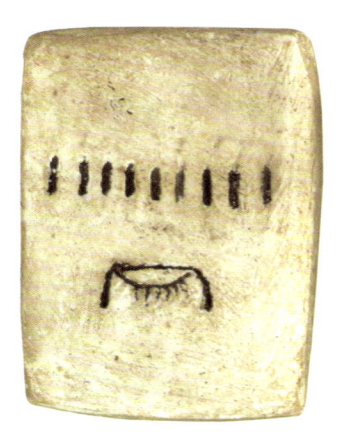

图19 用于给金子称重的石质砝码，这个砝码代表的是116克（4盎司）黄金

森沃思莱特三世在南部边界树了界碑而且还修建了塞姆纳和库玛（Kumma）两座要塞，古埃及人借此控制了这一地区，并限制努比亚人向北方移动。我们可以从一段碑文中看出古埃及国王对努比亚人的轻慢，上刻着"他们是可怜、心碎和微不足道的人"[9]。我们从许多要塞的命名可以看出古埃及人对努比亚人的主导地位，比如"消灭努比亚人"（Askut），"挡住弓弩"（Kumma）。

"塞姆纳快递"是一系列书写在莎草纸上的信函，目前仅发现了一些残片，既有从埃及发到要塞的，也有要塞之间往来的。除人员和货物流动情况外，信函上还记载了地区行政管理等有关事宜。另外，信函中还提及与商人的交往，比如支付货款、面包和啤酒的配给等[10]。相对而言，这些快递流转得比较快，比如象岛至西塞姆纳（Semna West）约有425千米，不到21天便可送达，[11]这段时间还包括信差在一路南下过程中经停沿途要塞的时间。除快递外，还有身在埃及的负责人写给要塞指挥官的信件。其中有两封信，上面描述了古埃及官员前往努比亚视察当地民情以及要塞指挥官的相关活动等情况。[12]

相关文字证据显示，有些要塞直到中王国晚期仍在发挥着作用。专家们发现了一封第十三王朝早期的信件，里面提到要塞士兵轮换情况。另外，专家们还发现了几座雕像，其中一个上面刻有塞拜克廓特普四世（Sobekhotep Ⅳ）在阿格尔岛（Argo Island）上的长方形图案。另外还有在

米尔吉萨（Mirgissa）和塞姆纳发现了雕像，雕像上的铭文可能指向瓦格夫（Wagef）国王，这些素材都给出了中王国后期古埃及人在努比亚的证据[13]。

科玛与埃及

直到中王国时期的第十二王朝之前，埃及文献里尚未出现过有关科玛的记载，但即便如此，仍有可能存在着两国外交往来的证据。专家们出土了一些用石头制作的花瓶碎片，他们发现上面了刻有佩皮一世的名字，认为这些花瓶应该是统治者互赠的礼品。[14]

努比亚和埃及的联系在科玛时期一直没有中断过。努比亚人有时会袭击埃及南部地区，然后将战利品带回都城。从埃及掠夺来的雕像中，最有名的一尊便是瑟奴微女士（Lady Sennuwy）的雕像（见图20），这位女士本人和自己的丈夫都葬在埃及阿苏特（Assiut）的一座墓里，然而这座雕像却是在科玛王室墓塚里发现的。在掠夺回来后，这座雕像原本是要献给科玛的一个统治者，而他生活的时间是这位女士去世350年之后。[15] 考虑

图20 中王国时期的瑟奴微女士雕像

到这些雕像提供的信息，乔治·赖斯纳认为科玛是古埃及在努比亚的一处前哨基地。为彰显科玛国王的权威和力量，努比亚人肯定会高调展示他们从埃及掠夺来的各种战利品。

考古人员在艾尔-卡布（el-Kab）总督塞拜克纳克特（Sobeknakht）的墓里发现了一段铭文，上面记载了科玛王国及其盟军对埃及的一次进攻。铭文上说，科玛军队与来自瓦瓦特、上努比亚的肯特恩内佛（Khenthennefer）以及朋特和麦德加伊（Medjay）联军一起向北推进，他们很可能到达了北部的西克索三角洲地区，并在都城与古埃及军队作战[16]。艾尔-卡布的古埃及人重新集结起来，然后奔向南方去抗击努比亚人。我们从这段文字可以看出，科玛王国继续向北拓展，所控制的区域已经超过了专家们之前的推断。[17]

古埃及与努比亚之间虽有诸多争执，但也有证据显示，二者在文化和观念上相互影响和渗透。从科玛东墓地发掘的器物中就可以看出两种文化的相互融合，其中有些物品是努比亚匠人利用当地材料制作的，但其风格有明显的古埃及特征[18]。科玛出土的尸床上有用象牙雕琢的精美饰物，所表现的既有当地的动植物，也有两种文化相互融合的素材和图案。在出土的雕像中就有古埃及塔韦莱特女神雕像，她身着短裙，手持短剑；另外还有古埃及风格的带翅膀的太阳轮和秃鹫的雕像[19]。

除了古埃及风格的雕像，科玛统治者还将古埃及器物用于其他目的。比如，装饰东德芙法天花板的玫瑰花形图案（见图21）就是用产自埃及的彩色陶片制作的。[20]这些被再次利用的陶片上仍有原来的黑色装饰的痕迹。

考古学家在凯尔奈克（Karnak）发现了纪念卡莫斯（Kamose）的第二座石碑，上面记载了科玛国王与三角洲地区的西克索统治者结盟的情形。[21]碑文上说，未来的国王截获了一个来自西克索都城阿瓦利斯［Avaris，其现代名称是特尔艾尔-达巴（Tell el-Dab'a］的使者，当时他正向南赶往科玛。此人随身携带了一封信，上面说西克索统治者力邀科玛国王与自己的军队一起北进，并联手在底比斯（Thebes）打败埃及统治者并瓜分其地。面对这两个强大的对手，卡莫斯意识到自己身处险境，他写道："这两人，一个在阿瓦利斯，另一个在库施，南有努比亚，东北方向有蛮帮，他们要与我分享埃及领土，凭我的实力，能与其抗衡吗？"[22]经过浴血奋战，卡莫斯率军击败了西克索统治者，并成功阻止了来自南部的攻击。随后，他着手发动了统一整个埃及的战争，并最终建立了新王国。古埃及随后在新王国时期开始了对努比亚的殖民和控制。

图21 东德芙法天花板的玫瑰花形装饰

新王国时期的努比亚

新王国建立者阿赫摩斯（Ahmose，即阿赫摩斯一世）顺利登上了王位，随后他发动了针对亚洲的战争。班师回朝后，如何降服下努比亚就成了雅赫摩斯一世下一步考虑的核心问题。他下令重新攻占了布亨附近的要塞，并在那里修建了一座神庙。阿赫摩斯一世或他的儿子阿蒙霍特普一世（Amenhotep I）经过努力征服了第二瀑布南面的努比亚地区。到了图特摩斯一世（Thutmose I）统治时期，古埃及军队继续向南推进并到达了第五瀑布区域。后来，他在第三瀑布的通布斯修建了一座要塞，并借此控制了水陆交通线以及这一地区的金矿开采活动。图特摩斯一世的继任者继续扩大在努比亚的地盘，最远至第四瀑布地区。

另外，阿赫摩斯一世及其继任者认为有必要加强对埃及南部边界的监控，为此设立了一个管理该地区的新机构，其负责人就是努比亚总督[23]。最初，这个职位属于军职，由派往布亨的司令官担任。在图特摩斯四世时期，有些官员还被冠以王子头衔，比如库什国王之子等，其实真正的古埃及王子是不太可能被派到这些地方任职的。这些总督能直接觐见国王汇报工作，这是只有少数高级官员和僧侣才能享受的特权。

这些官员死后，其墓葬的墓墙上通常都绘有进献贡品的场面，在这方面最有名的是图坦哈蒙时期（Tutankhamun）

065

的一个被称作休伊（Huy）的努比亚总督的墓。墓中壁画的场景（见图22）表现的是一排排努比亚人带着贡品交给代表国王的官员[24]，贡品包括金戒指、一袋袋黄金、光玉髓或红玉盘、玉碟、象牙、乌木，用黄金制作的双轮战车模型、盾牌、家具和一个金制神龛。

休伊面前有3个来自瓦瓦特的努比亚酋长，其中两人恭敬地跪在他面前，第三人是来自米阿姆（Mi'am，即阿尼拔）的酋长合卡内夫（Hekanefer），他则匍匐在地。三人都穿着豹皮坎肩，腰扎精美饰带，头上插着羽毛，耳朵上带着大耳环。随行人员身后的是进献贡品的人，他们携带着更多金子、动物皮毛和长颈鹿尾巴。

图22 努比亚人向总督休伊进献贡品

进贡者身后是一位乘坐牛车的公主。古埃及王室成员传统上都使用马车，而画面上的却是牛车，这可能是艺术家在刻意羞辱这位努比亚公主。另一种可能是，努比亚人对牛十分尊重，因而选择牛车作为王室用车。这位公主头上有一把用鸵鸟羽毛制作的阳伞，说明鸵鸟羽毛对努比亚人很重要。

第二幅图里出现了上努比亚君主及其侍者，他们的衣着与下努比亚君主很相似，进献的贡品有长颈鹿的尾巴以及狮子和猎豹等猫科动物皮毛。他们甚至还带来一只长颈鹿活体，很可能是为古埃及国王的动物园准备的。

作为最后几任努比亚总督中的一个，帕内斯（Panehsy）的任职时间是在拉美西斯十一世当政时期（公元前1107～前1077年）。他之所以被人知晓，是因为国王当政的第12～17年有两份文字资料里提到过他的情况。文字材料是在莎草纸上记录的，第一份记录是一张向墓地施工人员发放谷物的清单，帕内斯当时的职务是"粮库监督"。第二份是国王写给其总督的一封信，让他配合国王的管家耶内斯（Yenes）把努比亚的产品顺利带回王宫。

帕内斯在任职期间有不少丑闻缠身，其中包括他参与了对阿蒙大祭司阿蒙霍特普的镇压，这位僧侣曾威胁到国王的统治，而且还在努比亚军队的支持下发动了一场叛乱。在帕内斯镇压叛乱期间，一位名叫杜特摩斯

（Dhutmose）的墓地抄写员写了大量信件，为此他从底比斯来到象岛，最后终于到了努比亚。他详细记录了军队的集结以及武器、食物和绷带等物资的筹措情况。另外，还有皮安克（Piankh）将军写的几封信，他在信中概要介绍了镇压叛乱的行动计划。叛乱发生后，新任大祭司何芮霍（Herihor）对帕内斯极为蔑视。人们对帕内斯刚返回努比亚之后的情况知之甚少。据推测，他死后可能葬在阿尼拔，这里曾是他镇压叛乱时的基地。古埃及的军事权威在这次叛乱后未能恢复，逐渐失去了对宝贵的自然资源和关键商路的控制。

在阿蒙霍特普三世和图坦哈蒙统治时期，第三瀑布的索勒布（Soleb）是上努比亚的主要行政中心，但在后来的拉美西斯一世统治时期，其地位可能被西阿马拉取代了。古埃及在努比亚的控制区最终扩展到第四瀑布区域，随后图特摩斯三世开始在纳帕塔（今天的捷贝尔巴卡尔）大兴土木。在纳帕塔发现的石碑具有明显的古埃及风格，上面刻的也是古埃及的象形文字，尽管如此，管理第三瀑布和第四瀑布之间这片区域的很可能是努比亚本地的精英人士。[25]

新王国的寺庙城

新王国再次征服努比亚之后，古埃及人便开始在第三瀑布地区修建寺庙城以实施对努比亚人的统治。这类城池通常都有一座古埃及风格的寺庙，几片生产区和住宅区，四周则是用于保护城池的围墙。从这些城池及附近区域发现的证据表明,从新王国之前一直到伊斯兰时期,这些地方都有人居住和生活。仅需浏览一下这类行政中心,便不难发现古埃及新王国殖民活动所带来的影响。

从第十八王朝初期开始,塞岛就成了古埃及在下努比亚的前哨,而且这种状况一直延续到第二十王朝[26]。古埃及人在新王国末期放弃了这座要塞城池,然而有证据表明,该城直至进入伊斯兰时期之后仍有人驻守。法老城(pharaonic town)建在塞岛的西北河岸,位于哈勒法河(Wadi Halfa)以南大约 180 千米处。为加固墙体,古埃及人还使用方砖在城墙上修建了塔楼。该城沿南北轴线在两边分布,城门分别布置在西面和南面的城墙上。[27]古埃及人了解塞岛的重要性,但直至新王国时期,该岛一直控制在科玛国王手里。除科玛城以外,塞岛是唯一已知的大型努比亚人聚居区和文化遗址,一直以来都被视为是库施时期的"第二都城"[28]。

第十八王朝初期,阿赫摩斯一世或阿蒙霍特普一世(在位时间:约公元前 1525～前 1504 年)修建了该城,该城的修建结束了科玛对这一地区的控制。阿赫摩斯一世之所以被视为该城的创建者是因为在塞岛上发现了他的一座带有残缺的雕像。另外,在岛上还发现了一个类似雕像,不过这次发现的是其子阿蒙霍特普一世身着"heb-sed"节日盛装、正襟危坐的雕像(见图 23)。这种盛装是一种包裹着躯干的短袍,

069

长度仅到大腿中间位置，双手露在外面。两座雕像很相似，这很可能是阿蒙霍特普一世表示对父亲的一种尊重。这座城池在新王国早期一直发挥着作用，里面的神庙则是图特摩斯三世在位时修建的，这一点可以从神庙的地基以及努比亚总督的献词中找到依据。

从保留的遗存可以发现，这座城池是参照传统的法老城修建的。[29] 人们在城池的南部发现了一处大型建筑，这很可能是政府官员的宅邸，另外旁边还有用于存储物品的房子和

图23　在塞岛发现新王国时期的阿蒙霍特普一世雕像

筒仓。[30] 生产区域位于城北，专家们在那里还发现了储存区、灶台、研磨器具等。[31] 这里应该是为神庙的祭祀活动制作面包的区域。在城北发现的陶器表明这里的活动并不是为了满足家庭日常生活的需要。专家们在这里发现了用于储藏、食品生产、欢宴和宗教活动（如焚香）时使用的器皿，此外还有一些外来容器。

赛斯比（Sesebi）遗址位于河流的西岸，也就是现在的城镇德尔廓（Delgo）的对面。据推测，这座神庙城和卡瓦一样，都是在那位想建立一神教的国王——埃赫那吞（AKhenaten，在位时间：约公元前1352～前1336年）在位时期修建的。从城墙拐角和主神庙下面发现的地基残留可以看出，这些建筑可以追溯至其早期执政时期，专家们据此得出上述结论。[32] 赛斯比北部的神庙与埃赫那吞后半期的宗教建筑风格很相似，说明这处遗址在其整个当政时期都在使用。此外，还有证据表明，这处遗址直至拉美西斯一世早期被放弃之前一直都在发挥着作用。

也许，修建赛斯比是为了矿物提炼。有证据表明，该城以北和以南地区都发现了金矿开采活动。专家们在这处遗址发现了用于黄金加工的砂轮，说明该城也可能存在金矿开采和加工活动。这种砂轮是在图特摩斯一世时期引入的，这意味着新王国殖民时期这一地区正在开展黄金开采和加工活动。[33]

赛斯比主城墙内的两座神庙都是埃赫那吞时期修建的，其中第一个是在他执政早期把自己的名字从阿蒙霍特普四世改为埃赫那吞之前，第二个则是在之后的阿玛纳（Amarna，埃及古都。——编者注）时期。从上面装饰的石膏和石头残片可知，上面的雕像综合了阿玛纳之前和阿玛纳时期的特点。这些阿玛纳时期的雕像在第十九王朝时

期又被雕刻成了塞提一世（Sety Ⅰ，在位时间：约公元前1294～前1279年）的形象[34]。

塞岛上的赛斯比城有聚居区和手工制作区。从在主神庙附近发现了一片面包模具的残片可以看出，这里曾是为神庙供应面包的烘焙坊[35]。赛斯比的房屋都是用泥砖垒砌的，其中的建筑结构采用石质材料。这些房屋都是一排一排的，房屋的南北各有一间偏房，一条宽阔的街道将房屋与城墙隔开。专家们在其中的一处房屋遗址（F.6.13）上发现了可能是用于连接屋顶的楼梯。这些房屋都有一间带灶台和贮藏区域的厨房。较大的房子（F.6.13和F.6.22）在风格上与阿玛纳时期的贵族房屋十分相似，说明赛斯比的房屋是古埃及人修建或设计的。

这座要塞中发现的陶器既有来自埃及的，也有努比亚的，另外还有从其他地方进口的。其中的古埃及陶器可以追溯到第十八王朝后期，包括双耳细颈椭圆土罐、带一个手柄的大杯子、朝觐者使用的水瓶残片等，[36]有趣的是，阿玛纳时期常见的外表呈蓝色的陶器在这里却不见踪迹。在发现的努比亚陶器残片中有产自科玛的大口杯以及外部带有篮筐图案的手工制作的容器。另外，这里还发现了来自迦南和西部绿洲的双耳细颈椭圆土罐。

第十九王朝国王塞提一世选定西阿马拉作为自己的新城，并赐名"曼玛阿特拉之屋"（House of Menmaatra）[37]。该城坐落在塞岛北边的一个小岛上。与其他神庙城一样，西阿马拉在新王国时期被占领，而且一直在发挥作用，直至第二十五王朝努比亚统治埃及时才告结束。

这座城池四周环绕着用泥砖垒砌的城墙，每一块泥砖上都有带着国王名字的印花。沿着城墙建有许多堡垒。为便于卫士们来回巡逻，墙上还修建了角楼和通道[38]。阿蒙－瑞神庙可能修建于塞提一世之子拉美西斯二世执政时期，该庙占据了城内区域的四分之一左右，神庙内有一幅装饰性图案和两座石碑。其中一个石碑上记载着拉美西斯二世与一位赫梯公主喜结连理的过程，另一个上面记载着这位法老梦见卜塔（Ptah）神为自己祝福的场景。[39]

这座神庙的布局直接模仿了新王国时期的古埃及神庙，使之与新王国时期的建筑有机地融为一体。在列柱环绕的内庭墙上镌刻着象形文字，这是拉美西斯九世（在位时间：约公元前1126～约前1108年）执政的第六年镌刻的，很可能是为了纪念神庙装修工程的顺利结束。这是在上努比亚发现的最后一个新王国时期的国王题词[40]。

有一处大型建筑被认定为帮办官邸（E13.2），官邸的门框和门楣上刻着几个帮办（*idnw*）的名字，其中包括塞提一世时期的色鲍克霍（Sebaukhau）和拉美西斯三世时期的帕塞尔[41]，他们都是时任努比亚总督的副手。第二个大房子（E12.10）和另外6个"别墅"坐落在城外，这些建筑与新王国时期的贵族豪宅十分相似，说明古埃及建筑风格当时在西阿马拉就已经存在。距离最近的一个堪比

E12.10别墅的努比亚建筑是在阿尼拔被发现的一座大房子。[42]阿尼拔在第二十王朝时期成了下努比亚帮办的驻留地，因此出现这类大型官邸也就不足为奇了。

专家们在E12.10的地板下发现了一些黏土印章，其中有几枚上刻着图特摩斯三世的名字，其他几枚上还有装饰性花纹。这些印章说明古埃及当时已经在西阿马拉设立了行政机构。[43] 另外，在E12.10地板下还发现了一块陶器残片，上面镌刻的象形文字是摘自《阿蒙尼姆哈特对儿子森沃思莱特的教诲录》（*Teaching of Amenemhat to His Son Senwosret*）中的几句话。这块残片与1938～1939年发现的那块上面刻着该教诲录的残片十分类似。这些残片是在埃及以外发现的使用中古埃及文字记载的第一批素材[44]。这部教诲录在西阿马拉的出现是在埃及以外开展文牍训练的第一个例证。至于阅读教诲录的人是否受到里面那些反努比亚内容的影响，目前尚无法确定。[45]

新王国殖民时期，在科玛城以北约1千米的地方有一处叫多奇盖尔（Dokki Gel）或称"红丘"（red hill）的地方，那里的建设工程一直在持续进行着。[46] 该区域在图特摩斯一世时期扩大了许多，但有证据表明这里的遗址在科玛古典时期就进行开发和利用了。[47] 新王国建立后，图特摩斯一世对该地进行了大力扩充，科玛在努比亚统治也随之终结了。

多奇盖尔四处有城墙环绕，这与新王国殖民时期的其他寺庙城都很相似。考古人员在城内发现了一座供奉阿蒙神的神庙，两座宫殿，若干储藏用房、烘焙坊，以及一眼水井[48]。城里的建筑物在第十八王朝时期先后经过了改建或重建。这处遗址在麦罗埃时期一直都在发挥作用。多奇盖尔与传统的新王朝寺庙城有一个很大的区别，就是这里的建筑真正把努比亚本地与外来的古埃及建筑风格有机地融合在一起了。

在建设寺庙城的同时，古埃及人还在努比亚引入了新的丧葬习俗。在这一时期，为努比亚贵族和居住在努比亚的古埃及人修建的金字塔开始陆续出现。修建金字塔的材料是努比亚本地的砂岩，金字塔旁边还修建了小祭祀堂。此外，努比亚人埋葬死者的方式也发生了改变，以前死者被蜷缩起来放在尸床上，现在则是让死者身体伸展、平放，有的时候还会被放进棺木里，[49]墓葬内部的装饰也开始采用古埃及形象和图案。随着古埃及丧葬风格的引入，努比亚贵族墓葬几乎与古埃及贵族墓葬没什么区别了。

埃及的努比亚人

我们已经看到，努比亚与古埃及在历史上一直存在着广泛联系，但我们仅能看到的是古埃及人在努比亚的情形，反之则无。直至公元前664年亚述人侵入埃及，埃及全境都能看到努比亚人的身影。他们生活、工作在古埃及人中间并与当地人通婚。那些留下来的努比亚人逐渐融

入并接受了古埃及文化，最终完全变成了古埃及社会的成员。

黑尔拉肯波利斯（Hierakonpolis）是位于埃及南部阿斯旺边界以北113千米处的一处遗址，考古人员在这里发现了属于努比亚C群落的墓地。这些墓葬具有古埃及风格，同时也保留了努比亚元素[50]。不同于C群落在努比亚的墓葬，黑尔拉肯波利斯的墓葬使用的是泥砖而非石头，而且墓室的顶部呈拱形。墓中发现的陶器具有努比亚风格，说明他们所使用的是当地工艺和材料。出土文物除努比亚风格的容器外，还有古埃及风格的器物。在这里，努比亚人开始使用棺木，但死者身上仍穿着皮衣。专家们在一位女性墓葬中发现了一件保存完好的彩色皮裙，皮裙使用几块皮子缝制而成，然后再用一根细绳扎紧。另外在几座男性墓葬里还发现了皮质束腰和带串珠的腰带。发掘物中还有带装饰的凉鞋。死者的发型让人联想到一些努比亚传统，比如从衣服留在皮肤上的压痕可以看出一个妇人戴着发网，还有几个人留着发辫[51]。

第六王朝初期，努比亚人不仅因射箭技艺高超而闻名于世，而且他们中的很多人成了古埃及军队的雇佣军，这种情形从第一中间期时期开始直至中王国统一以后都有。我们从位于莫阿拉（Mo'alla）的安卡蒂菲（Ankhtifi）的墓墙上仍能一睹努比亚士兵的英姿。除此之外，墓墙上还刻有他的一系列头衔，其中包括"努比亚雇佣兵指挥官"[52]。

从这里可以看出，努比亚士兵不是受制于努比亚人而是在古埃及军官指挥下作战。

考古人员发现了有努比亚士兵与古埃及妇女结婚并按照古埃及习俗埋葬的证据。这类通婚情形在格贝雷恩（Gebelein）遗址附近发现的石碑上能找到相关记录。在这些石碑上，通常把男人标注为"nehesy"，这是为那些来自努比亚的人特意安排的。死者的狗也出现在石碑上，说明狗在努比亚士兵心目中是很重要的。其中的一个石碑上展示的是努比亚士兵内努（Nenu）和自己的古埃及妻子瑟克哈多（Sekhathor）与孩子们在一起的情形（见图24），此外画中还有一个仆人。他和孩子们的肤色较深，穿着努比亚风格的服装，而妻子的皮肤呈黄色，这是典型的古埃及女人的肤色，她身上穿的则是一件古埃及传统的紧身长裙。

图24 内努的石碑

中王国时期出现了许多展现日常生活场景的模型，比如表现古埃及和努比亚士兵的模型（见图25）等。其中的努比亚士兵左手持弓，右手拿箭，他们皮肤较黑，头发上有一圈白色束带，身着短裙，上面有一条红色饰带或遮盖物；而古埃及士兵穿的则是传统的白色短裙。红色饰带把这些木制人物模型与内努及其子女以及休伊墓中的努比亚贵族联系在一起了。专家们在阿斯旺地区发现了几只饰有努比亚猎人的碗，其中一只上面刻画的是一个深色皮肤、身穿传统服装的努比亚男人，他左手持弓，右手拿箭，身后跟着几条狗，其中一条狗也在参与狩猎活动。

古埃及人进入努比亚，努比亚人进入埃及，这种双向流动进一步深化了两种文化之间的联系。其中最具影响

图25　在阿苏特的梅赫蒂（Mesheti）墓中发现的中王国时期努比亚士兵模型

的一种贡献就是努比亚引入了古埃及的文字系统。尽管努比亚人使用着一种外来语言，但由于象形文字的引入，努比亚人最终让我们了解了他们的历史。历史上曾有一段时期，埃及出现了两个敌对政权，它们分别盘踞在底比斯和三角洲地区，两者相互掣肘，结果便是古埃及在公元前1070年放弃了努比亚。

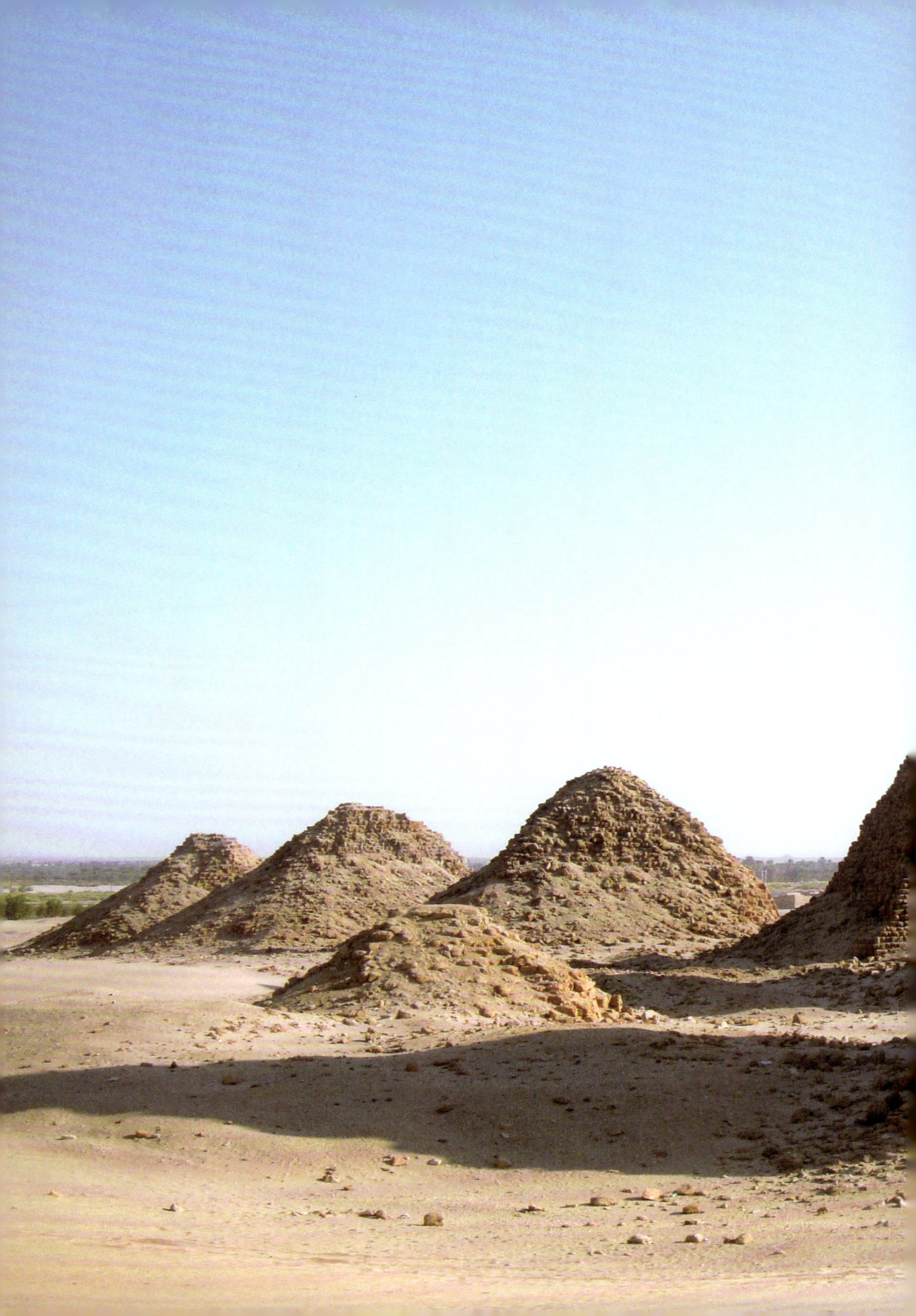

努比亚的
黄金时代

殖民时期之后，努比亚进入了所谓的"黑暗时期"。从殖民时期结束到古埃及第二十五王朝开始，以及随后的纳帕塔时期（约公元前800～前300年），其间的文字资料和考古学证据十分缺乏。从古埃及象形文字、受古埃及影响的建筑与装饰艺术，以及古埃及王权和宗教与努比亚本地意识形态的结合等都承载着新王国殖民时期的遗产。

虽然缺乏这一时期的资料，但从某些遗址的发掘中还是可以看出古埃及人离开后的一些情况。在位于第四瀑布地区的黑拉特艾尔-阿拉比（Hillat el-Arab）发现了19座墓葬，时间处在新王国晚期到古埃及第二十五王朝之间，[1]尽管墓的结构已不完整，但地下墓室还是可以告诉我们一些在此过渡期内当地人及其丧葬习俗的情况。

这些陵墓装饰有各种图案，例如船，另外还有一些随葬品，如圣甲虫（scarab，被古埃及人奉为神明并当作护身符。——译者注）饰物和小型护身符、外来的双耳细颈瓶、储藏罐、铜合金碗等。墓室内没有棺木和墓主人，但在1号墓中有尸床的遗迹，部分墓中还发现了一些马的遗骨。纳帕塔国王向来有在坟墓附近将其心爱的马作为随葬品的做法，墓中发现了马的遗骨，说明该做法在当时的上层人士中已经流行。

从殖民期结束至纳帕塔统治者崛起之间是一段过渡时期，其间的墓葬异常丰富。当时，努比亚与古埃及和西南亚的贸易仍正常进行，一些物品，如进香时使用的水瓶以及进口的双耳细颈瓶等都可以在陵墓中见到。

或许受气候变化及干旱缺水的影响，下努比亚在新王国之后人口大量减少，虽然在第二瀑布地区仍然可以见到新建或重建的一些小型墓地或寺庙，但在其他地区却很难见到了。

努比亚的统治形式重新回到了酋长国时代，并最终为新的统治者集团的崛起铺平了道路。公元前1千纪里，在临近第四瀑布的纳帕塔（捷贝尔巴卡尔），一个新的都城出现了。

埃及第二十五王朝

公元前8世纪，阿拉若（Alara）建立了一个王朝。阿拉若在历史上名不见经传，他的名字在考古记录中也从未出现过，不过人们还是在一些参考文献中了解到一些信息。作为纳帕塔的第一位国王，他在身后的几个世纪中都备受尊崇。为强调自己的合法性，之后的每一个国王都宣称自己是他或其家族的后裔。

克什台（Kashta）在阿拉若之后继承了王位（约公元前760～前747年），随后他将目光投向了北边的埃及。努比亚人的北伐可能没越过阿斯旺一线，但这次行动标志

着努比亚自科玛时期后向埃及扩张的开始。克什台可能在底比斯举行了自己的加冕礼，但具体细节我们仍不清楚。[2]

公元前747年前后，皮安希（Piankhy，即皮耶，在位时间：约公元前747～前716年）继承了克什台的王位。大约是在位的第四年，他开始了向埃及的第一次进军，这次行动可能将他的统治区扩展到了底比斯。此后他返回努比亚并扩建了纳帕塔的阿蒙神庙。

约公元前728年，位于赛斯（Sais）的利比亚统治者泰夫奈科特（Tefnakht）巩固了自己对三角洲西部从孟菲斯到地中海地区的统治。此后，为了控制更多埃及领土，他率部向南方进发并击败了埃及中部赫莫波利斯（Hermopolis）地区的统治者纳姆努特（Nimlot）。得知对手正在向南进发的消息，皮耶（Piye）派出自己的部队迎战。皮耶的部队在俄克喜林库斯（Oxyrhynchus）击败了叛军，杀死泰夫奈科特，并与胡特贝奴（Hutbenu）展开激战。但皮耶并不满足于此，他在尼罗河泛滥后第一个月的第九天乘船向北进发。

皮耶按计划向反叛城市发起了进攻，赫拉克利奥波利斯（Herakleopolis）的帕夫迪奥韦巴斯特（Peftjauawybast）、赫莫波利斯的纳姆努特、莱昂托波利斯（Leontopolis）的尤普特二世（Iuput Ⅱ），以及布巴斯特斯（Bubastis）的奥索肯四世（Osorkon Ⅳ）先后投降。这次战役后，皮耶返回纳帕塔，并在那里修建了大凯旋碑

（Great Triumphal Stela，见图 26）。[3] 碑上详细记载了他的功勋，弧形底部展现的是败军之将匍匐在他面前的场面。此外，皮耶还被描绘成一个凌驾于利比亚对手之上的真正埃及人，是无可争议的埃及统治者。

皮耶的王位由他的弟弟沙巴卡（Shabaqo）继承（在位时间：约公元前 716～前 702 年）。努比亚王位的传承并非一定是父传子，如果先王的儿子因年幼难以担负起统治责任，则先王的兄弟，有时甚至是先王的侄子，也可以继承王位。[4] 沙巴卡继续向埃及进军，最终占领了孟菲斯。随后他在这个古都举行了自己的加冕典礼，古埃及从此进入第二十五王朝时期。这时，古埃及国王巴肯拉内夫（Bakenranef）仍想继续控制三角洲地区的赛斯，为了粉碎他的图谋，沙巴卡将自己的都城从纳帕塔迁至孟菲斯。这期间，亚述王国的亚玛尼（Iamani）曾发动了一起针对萨尔贡二世（Sargon II）的叛乱，失败后逃往埃及，但沙巴卡将他遣返亚述。沙巴卡也因此与亚述王国保持着良好的关系。

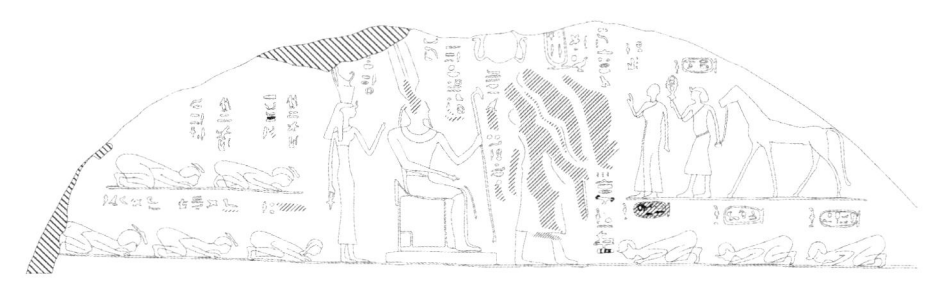

图 26　皮耶的大凯旋碑

沙巴卡在底比斯开展了一系列基础设施建设，不仅修复了已有的神庙，而且还恢复了努比亚在当地的统治。在描写古埃及创世故事的文献中，最重要的一部即《孟菲斯神话》（*Memphite Theology*）就是从那时传下来的。当时，沙巴卡发现写在莎草纸上的这段故事已遭虫蛀，于是就在一块玄武岩的顶部刻上了他的绰号，而右侧镌刻的就是这篇创世故事。在其价值被世人认识到之前，这块石碑一直被用作谷物碾子，因此部分故事内容缺失了。这个创世版本的核心人物是卜塔，即孟菲斯的主神，他通过自己的想象和语言创立了这个世界。

沙巴卡在孟菲斯去世，他的遗体被运回努比亚后葬在了艾尔-库鲁（el-Kurru）的王室墓园中。他的王位由其儿子沙毕廓（Shabitqo）继承（在位时间：约公元前702～前690年）。为了争夺埃及控制权，沙毕廓刚一登基就在西亚地区与亚述人爆发了战争，为此他号召家族成员提供支持，这其中也包括他的侄子和继承人塔哈卡（Taharqo）。辛那赫里布（Sennacherib）的亚述军队被迫撤退，塔哈卡和他的军队则返回了埃及。[5] 沙毕廓的统治是短暂的，但相对而言，似乎还算太平。与他的先辈们一样，沙毕廓死后也葬在了艾尔-库鲁。

塔哈卡（在位时间：公元前690～前664年）沿袭了沙巴卡的做法，为了同时强化在努比亚和埃及的统治，他在纳帕塔与孟菲斯均举行了加冕典礼。在位的第六年，他在卡瓦立了一块石碑，宣称他是法定继承人，排位顺序在沙毕廓的所有兄弟和子侄中居前。[6] 这一年，努比亚的降雨量和尼罗河的洪水都特别大，塔哈卡宣称这些事件都是阿蒙神垂青于他的证据：

> 为了避免在其治下发生饥馑，国王陛下一直向两地的王位保护神阿蒙－瑞祈祷洪水的降临。好了，凡是陛下所请，神无不立刻应允。洪水到来的时节，水位每天都在不停地上涨……
> ……努比亚人无不丰衣足食，埃及人欢呼雀跃，感谢神为他们送来了国王陛下。[7]

水位高涨不仅带来了良田沃土，害虫、啮齿动物、蛇，以及有害的风等也在该地区销声匿迹。[8]

在此期间，努比亚人与亚述帝国开展了贸易活动，进口的物品包括黎巴嫩雪松木、亚洲的铜，以及一种被称作 kusayya 或 Kushite 的用于拉战车的马。[9] 然而，在他当政的第十七年，亚述国王以撒哈顿（Esarhaddon）的部队开始西进并重新占领了巴勒斯坦地区。两年以后，以撒哈顿又开始征讨埃及，他的部队占领了孟菲斯后，将大量战利品，甚至把塔哈卡的王储也带回了亚述。[10] 塔哈卡或许在某段短暂的时间为努比亚夺回了下埃及地区，但最终还是被以撒哈顿的继承者亚述巴尼拔（Assurbanipal）打败。

亚述巴尼拔占领了南至阿斯旺的埃及广大地区，为了将来自己离开后继续实施统治，他安排了几个亚述封臣来控制这个国家。返回努比亚后，塔哈卡居住在纳帕塔，直至去世。

总体而言，塔哈卡统治时期国家呈现出一片繁荣景象，他在努比亚和埃及，特别是在纳帕塔和底比斯等行政中心大兴土木。从这些建设项目中我们不难看出，他想凝聚努比亚和埃及的力量，并在此基础上成立一个中央政权，并将两个地区统一成一个庞大帝国。[11]

塔努泰蒙（Tanwetamani）继承了堂兄塔哈卡的王位（在位时间：约公元前664年～前656年）并着手实施其征服埃及的计划。在底比斯的努比亚豪强支持下，他重新占领了孟菲斯，随后将战利品送回了纳帕塔。他继续北上，在赛斯打败了那里的统治者内舒（Necho）并将他处死。听到塔努泰蒙在埃及获胜的消息后，亚述末代国王亚述巴尼拔（Assurbanipal）也于公元前664或前663年开始了又一次入侵，他甚至焚毁了底比斯城，而且还劫掠了那里的神庙。[12] 努比亚从此再也没能恢复对埃及的控制，但塔努泰蒙仍延续着他对纳帕塔的统治，直至去世。

王室家族在捷贝尔巴卡尔下游大约12千米处的艾尔-库鲁（el-Kurru）建立了一处墓园。我们并不清楚那里的一些早期墓葬究竟是属于该王朝家族的直系祖先呢，还是属于在纳帕塔王朝建立之前的其他家族。但不管怎样，坟墓的形制还是发生了改变，从传统的坟堆变成了金字塔。

金字塔都是用努比亚的小块砂岩建成，墓的东侧建有祭庙。地下部分位于金字塔的下方，有阶梯通达。除金字塔外，专家们还发现了与沙巴卡、沙毕廓、皮耶和塔努泰蒙有关的共24匹马的遗骸，马的身上配有王室马饰（珠宝，见图27），包括彩陶珠网、刻有国王名字的椭圆形图案以及带有哈索尔头像和花卉图案的串珠等。塔哈卡在努里（Nuri）新建了一处王室墓园（见图28），这处墓地位于艾尔－库鲁上游25千米处，除了塔努泰蒙外，其他所

图27　沙巴卡时期用于装饰马匹的珠网，艾尔－库鲁出土

图 28　努里的金字塔

有的纳帕塔继承者都葬在那里，而塔努泰蒙则被葬在了其祖先的墓地。

回归努比亚：纳帕塔时期

努比亚-埃及双王国瓦解后，古埃及第二十五王朝的继承者仍然统治着纳帕塔。开始的两个统治者是阿特拉内萨（Atlanersa）和森卡马尼斯肯（Senkamanisken），他们一方面继续沿用先辈的传统，另一方面则开始对古埃及的风俗及崇拜体系进行重新诠释，以反映努比亚的本土意识形态。这段时期没有开展大规模的建设，但坐落于纯净山（Pure Mountain）山脚下的神庙 B700 的建设工程始于阿特拉内萨时期，建成于森卡马尼斯肯时期。在努里的王室墓地被重新启用。

安拉玛尼（Anlamani）可能是森卡马尼斯肯之子，其统治时间是在公元前7世纪的晚期。在他登基时立的石碑上首次提到了与当代贝贾人（Beja）的祖先布伦米人（Blemmyes）的冲突：

> 陛下令自己的军队进入布拉豪（Bulahau，红海东部沙漠地区），国王的朋友任司令官……直杀得血流成河，死伤无数。士兵们生俘4人，控制了所有女人、孩子、家畜和财产。[13]

不管是确有其事还是为了烘托登基庆典的需要，对这次冲突的描述都反映了他们长期以来所秉持的平抑混乱，回归安定局面的初衷。

纳帕塔的宫殿（B1200）始建于皮耶时期，[14] 安拉玛尼在原有基础上又添加了一些内容。他为B1234号房间的门增加了边框，并在上面雕刻了文字，以突出该设施的仪式性质。另外，他还改建了位于麦罗埃的阿蒙神庙。安拉玛尼死后被葬在努里，他的兄弟阿斯帕尔塔（Aspelta）继承了王位。在阿斯帕尔塔统治期间，对古埃及意识形态的重新诠释仍在继续，使之更接近努比亚人的思想意识。此外，他还对纳帕塔的宫殿做了进一步改造，增加了一些房

间，并称它们为"新年厅"。这些房间很可能是举行新年庆典的地方，很容易让人产生一种强烈的仪式感。

公元前593年，由于普萨姆提克二世（Psamtik Ⅱ）的入侵，努比亚与埃及之间爆发了战争。在埃及军队入侵过程中，位于多奇盖尔的一座圆形神庙被大火焚毁，不过该庙在阿斯帕尔塔统治期间又得以重建。在纳帕塔，B500和B900神庙中均发现了被埋在下面的雕像碎块，这或许意味着普萨姆提克二世和他的军队对阿蒙神庙进行了破坏。[15] 然而，根据塔尼斯（Tanis）的一个修建于普萨姆提克二世时期的石碑上记载，因"无法渡河"，这次进军抵达的最南端是托格布（Trgb），因此，这些破坏事件是否真实发生过仍存疑。石碑上提到的河流可能是栋古拉河段（Dongola Reach），由于尼罗河在那里改变了方向，船只若要继续上行，必须顶风逆水，很难通过。[16] 而且位于赛拉尔（Shellal）和凯尔奈克的石碑上均提到，普努布斯（Pnubs）——也有可能是科玛——是埃及人向努比亚进攻的最南位置。[17] 虽然如此，埃及人对纳帕塔阿蒙神庙的破坏很可能根本就没发生过，因为两处碑文中均未提及埃及人针对努比亚人取得的巨大胜利。[18]

阿斯帕尔塔之后已知的统治者共有10人，但在这大约150年期间里没有任何记述细节的王室碑刻流传到今天。这一时期的王室墓地仍然在努里，国王与王后均葬在金字塔内。国王继续在努比亚各地巡视，为不同形式的阿蒙神庙奉上献祭，努比亚在世界舞台上仍声名远播。约公元前 525 ~ 前 522 年，冈比西斯（Cambyses）在象岛建立了军事基地，并策划对努比亚的入侵，但据希罗多德三世（Herodotus Ⅲ）的记载，这次行动最终被放弃了。在位于波斯波利斯（Persepolis）的觐见大厅（audience hall）的浮雕上有努比亚人向波斯国王进献象牙和非洲动物等贡品的情形。[19]

公元前 5 世纪后半叶，伊瑞克-阿蒙诺特（Irike-Amannote）在他的叔叔塔拉卡玛尼（Talakhamani）去世后登上了王位。这时波斯已经征服了埃及，而埃及人不断起义反抗其统治，从而给努比亚人创造了北上收复第一和第二瀑布地区的有利时机。在伊瑞克-阿蒙诺特登基前后，努比亚人与一些游牧部落发生了冲突，但随后游牧部落似乎被降服了，所收复的土地被献给了普努布斯（科玛）的阿蒙神庙。有关他的统治只有很少的考古与文献资料，但很显然伊瑞克-阿蒙诺特开启了努比亚人势力的上升期，到麦罗埃时期（约公元前 300 ~ 前 350 年），他们的势力达到了顶峰。

公元前 4 世纪上半叶到中叶，哈希约特夫（Harsiyotef）继巴斯卡科仁（Baskakeren）之后成了国王，但其王位的合法性却遭到质疑。他在位的 35 年期间取得了 9 次军事胜利，对阿蒙神给予慷慨捐赠，并在纳帕塔、麦罗埃和卡瓦修建了神庙。哈希约特夫之后又经历了两位国王，到公

元前 4 世纪的最后 30 多年，纳斯塔森（Nastaseñ）成了国王。或许是为了强化王位的合法性，无论哈希约特夫还是纳斯塔森都强调自己与纳帕塔的奠基人阿拉若的血统关系。为了打击下努比亚地区以及沙漠游牧部族不断上升的势力和入侵，纳斯塔森采取了一系列军事行动。纳斯塔森死后，又先后经过了 5 任国王，纳帕塔时代走到了尽头。

仿效埃及

努比亚人对于埃及的风俗及宗教都非常熟悉，因此，从早期开始，其统治者就在自己的雕像中融入了一些早期的古埃及人物形象，这被称为"仿古现象"（Archaizing）。努比亚人利用这种形式让自己对埃及的统治合法化。他们借用埃及肖像来表明自己不是外来者，这样可能使他们统治埃及更容易一些。

努比亚国王登基时采用的是古埃及风格的尊号，一般由 5 个名字构成，其中的 4 个在登基后获得。这 5 个名字包括何露斯名、双女神［内布提（nebty）］名、金何露斯名、上／下努比亚国王名，以及瑞之子名（乳名）。

到了克什台统治时期，国王自称"上埃及和下埃及国王"，并在尊号中采用了"瑞之子"这类头衔。皮耶是第一个采用古埃及式尊号的库施国王，他的双女神名和金何露斯名仿照了古埃及国王图特摩斯三世（Thutmose Ⅲ）的名字，而其何露斯名——"雄壮的纳帕塔公牛"则直接借鉴了图特摩斯三世的何露斯名——"雄壮的底比斯公牛"。

从公元前2世纪后期开始，麦罗埃文字逐渐普及，于是统治者们放弃了传统的5个名字的称谓。麦罗埃时代的开端恰逢古埃及一个新王朝的开始，与托勒密二世（PtolemyⅡ，在位时间：公元前282～前246年）同时代的阿卡玛尼廓（Arkamaniqo）在确定其尊号时选择了第二十六王朝阿迈西斯（Amasis，亦称阿赫摩斯二世。——译者注）的尊号"瑞神的欢乐之心"（"The Heart of Ra Rejoices"）。阿赫摩斯是通过武力废黜前国王阿普里斯（Apries）后当上国王的，阿卡玛尼廓选择仿效篡权者的尊号，而不是新王国某个国王的尊号，或许反映出他承认自己也是通过武力取得王位的。

努比亚的国王们在巩固自身地位的同时，他们还将本地特有的图案融入展现国王风貌的各种石碑上。纳帕塔国王和王后的头饰混合了受古埃及影响的王室标志和努比亚传统的王室标志。象征着同时对上埃及和下埃及地区统治权的白红两色古埃及国王王冠，被努比亚统治者拿来与他们自己的头饰交替使用。但在努比亚人撤出埃及后，在古埃及国王的肖像中再也见不到这种双重形象了。

努比亚最著名的头饰是一种无檐帽（见图29），前沿压低，带有象征王权的饰带，前额部位绘有一到两条神蛇标志，帽子的后部有几条飘带。这种头饰在纳帕塔时期被古埃及的双色王冠取代。最终，努比亚国王和王后采用了

符合他们意识形态体系的头饰。在公元前1世纪后半叶的纳塔卡玛尼（Natakamani）国王和阿曼尼托（Amanitore）王后统治时期，蛇神的蛇形脑袋被一个狮子脑袋所取代。之所以出现这样的调整，或许是因为麦罗埃时代后期，狮神阿普德马克（Apedemak）的重要性变得越来越突出了。

图29 第二十五王朝时期库施国王的小雕像

开启新纪元

公元前3世纪，努比亚人的都城迁至更南端的麦罗埃。在麦罗埃，我们发现了在此之前就有人居住的遗迹，但居住的究竟是些什么人以及这些遗迹的用途是什么，目前尚不清楚。在一个垃圾坑里，专家们发现了大量物品，比如彩陶叉铃（古埃及祭司女神伊希斯使用的物品。——译者注），以及新年时奉献给阿蒙神的环形安可架（Ankh）等，另外圆环上还刻着纳帕塔统治者的名字，如阿斯帕尔塔、阿拉马特尔廓（Aramatelqo）、马罗纳肯（Malonaqen），以及西阿斯匹廓（Si'aspiqo）等。由此可以推断，该坑的最早时间在公元前8世纪到公元前5世纪。[20]

麦罗埃西墓园建于公元前8世纪中叶，里面埋葬的是某个贵族家族的众多成员。南墓园建于公元前3世纪，迁都之前，这里埋葬的都是贵族和王室成员。迁都的原因尚不清楚，一种可能是某个来自南方的王室家族决定重返他们的祖地。根据南墓园里出土的阿卡玛尼（Arkamani）国王（在位时间：约公元前270年~前260年）墓葬，我们可以推测出公元前3世纪麦罗埃建都的时间。长期以来一直有人认为这位国王就是与埃及托勒密二世同时代的埃尔加迈内斯（Ergamenes）。最终，阿曼尼提哈（Amanitikha）又将王室墓地迁至新建的北墓园（见图30），此后，麦罗埃时期历代国王均葬在该墓园。

图30 麦罗埃的北墓园

麦罗埃时期，努比亚统治者在全国范围内开展了建筑活动，包括修建神庙、陵墓、宫殿等，然而麦罗埃城的开发规模尚不得而知。王室禁城四周是一圈高大的围墙（里面的面积约8公顷），墙内是一系列宫殿。阿蒙神庙位于围城内的东部，附近还有数个小型神殿。围墙外的东北方和南方有两个大土堆，分别称作"北土堆"和"南土堆"。环绕禁城的其他区域有几个陶器制造以及铁器制造区，还有被称为"伊希斯神庙"和"太阳神庙"的建筑。禁城之外的其他居民区仍有待挖掘。

坐落于禁城外的M750号宫殿是一处奇特的综合性建筑，它用泥砖砌成，基础是从其他早期建筑处搬来且经过打磨的砂岩石块，许多石块上带有浮雕或者建筑上使用的标明尺寸范围、类型及主题的刻痕。在基础层，沿着主轴线上发现了保存完好的飞檐石块和带有蛇神及繁星的雕带，表明这些石块来自其他被精心拆除的大型建筑。部分石块的时间可以追溯到公元后1世纪晚期或2世纪，由此也可以推算这些建筑物的时间。

M750号宫殿应该有两个部分，并通过一个庭院连在一起。北部是一个朝向北面的塔门，这个入口正对着通向M260号阿蒙神庙的大道。房间在建筑的东西两侧成对称排列，中间是一个被柱子围成的方形天井。南边的部分呈正方形，中心同样是一个院子，多数人认为南部是聚居区。北部的那个大型塔门，如果是个神庙，那么这里是否为行政区域尚无法确定。如果是在宫殿旁建造的一座神庙，则说明王室成员对神祇十分尊崇。

阿玛尼莎赫特（Amanishakheto）王后是公元前1世纪后期利比亚的统治者，麦罗埃城南部的瓦德班纳伽（Wad ban Naga）遗址是她的一处宫殿。目前遗留下来的有坡道、楼梯和立柱柱头，说明宫殿是二层结构。该建筑物内有许多储藏间，表明女王需要供养一个庞大的服务团队、工坊和王室成员。储藏室中还发现了一些奢侈品，如精心雕琢的银质耳环等。在当时，银子是麦罗埃统治者从希腊、罗马等地区进口的一种昂贵金属。

麦罗埃及其邻邦

麦罗埃的统治者控制努比亚前后长达600年,他们与北方邻国进行贸易,有时甚至要跨越红海开展贸易活动。公元前332年,亚历山大大帝征服埃及后,麦罗埃帝国开始与地中海周边国家建立起了联系。托勒密王朝时期,希腊的语言和文化元素陆续传入埃及和努比亚,两国的统治阶层和商人们很可能都会说希腊语。[21]

著名的亚历山大图书馆始建于托勒密一世时期(公元前305~前282年),之后,其子托勒密二世又进行了扩建。托勒密二世大力发展与地中海及红海沿岸地区的贸易,同时他还利用麦罗埃的码头转运战象。[22]随着希腊化的埃及与努比亚的联系逐渐增加,有些希腊人开始在麦罗埃旅行并定居,最终也把他们的文化和思想带到了努比亚。

在公元前207年或206年至公元前186年,下努比亚地区发生叛乱。平叛后,努比亚统治者收复了该地区并任命了一个总督进行管理,该总督直接向国王负责。总督的居住地一开始是在法拉斯(Faras),后来移至卡拉诺(Karanog),并在那里修建了一个被早期考古学家称作"城堡"的大型宅邸。

公元前1世纪至公元3世纪早期,被罗马征服的埃及与努比亚继续保持着联系。在这段时期,两种文化之间有一条共同的被称为杜得卡舒努斯（Dodecaschoenus）的缓冲地带，从阿斯旺南部到努比亚的艾尔-马哈拉卡（el-Maharraqa），绵延120余千米。努比亚与埃及的联系，以及后来与托勒密王朝的联系一样，努比亚在这一时期与罗马的联系也主要发生在下努比亚地区。公元前30年，奥古斯都任命的埃及新任行政长官盖厄斯·科尔内留斯·加卢斯（Caius Cornelius Gallus）为赤亚孔塔术努斯（Triacontaschoenus）地区委任了一位罗马统治者。此后，加卢斯要求麦罗埃的地方统治者承认罗马的宗主权并向罗马纳贡。[23] 专家们在菲莱（Philae）发现了一个尊奉奥古斯都的神庙，庙里的石碑上刻有3种文字，称加卢斯将自己描述为麦罗埃统治者的"公众朋友"[24]。

然而不久以后，麦罗埃与罗马人爆发了战争。赤亚孔塔术努斯地区的努比亚人因不堪罗马人的沉重税负而发动叛乱，他们占领了赛伊尼（Syene，阿斯旺的旧称。——译者注）、象岛和菲莱等埃及地区并在那里进行了大肆破坏。[25] 为了给叛乱者提供支持，麦罗埃国王特瑞特卡斯（Teriteqas）与他的部队一起开始了军事行动，但不幸的是，在到达达卡后，国王于公元前25年秋天去世。他的继任者阿曼尼热纳斯（Amanirenas）王后开始与罗马人谈判。[26] 在谈判期间，罗马新任命的第三任埃及行政长官盖厄斯·彼得罗纽（Caius Petronius）开始向努比亚的纳帕塔方向进军，随后又返回了埃及。尽管没有实现占领该地

的目标，但他还是带回了大量战利品。麦罗埃与罗马人的谈判有了结果，这就是公元前 21 年签订的《萨摩斯协议》（*Treaty of Samos*）。和平恢复了，努比亚朝拜者可以到菲莱的神庙朝拜，而罗马的产品，如双耳细颈瓶、珠宝和家具等也可以出口到努比亚。在许多王室或贵族居住地或埋葬的地方都可以发现这类物品，表明它们是双方统治阶层在外交活动中交换的部分礼品。[27]

努比亚建筑中融入了许多地中海风格，其中最明显的例证是麦罗埃的一个"王室浴池"（见图 31）。这是一个很深的浴池，需要从东南角的楼梯进入，里面的装饰混合了努比亚、埃及和地中海风格，浴池上部的四周有彩色的狮头与牛头砂岩雕刻。此外，还有象征生命的安可架和护佑符号的圆形浮雕，在新月上镶嵌的狮神以及展现女性胸部的浮雕等，它们均为彩陶质地。在这些雕刻或浮雕之上

图 31　洗浴池里的装饰（麦罗埃）

努比亚的黄金时代

是描写一群大象向右侧行走的绘画。

除浴池上部的装饰外，池内还发现了一些小于实物的砂岩雕像。这些雕像与希腊雕塑很相似，例如人物的头发梳向前额，上面系着一条很宽的束发带。另外，就是几个人用一个容器共饮，这是在希腊与伊特鲁里亚丧葬碑上常见的场景。

在纳伽发现的所谓"罗马亭"（见图32）清楚地表明地中海文化对麦罗埃宗教建筑的影响。亭子里有T形柱和半身柱。[28] 入口上方的过梁上有3层带羽翼的太阳形圆盘，圆盘两侧是蛇神。横梁的最上一层是一排蛇神，它们头顶上是一个太阳圆盘，这不禁让人联想起埃及建筑上的

图32 纳伽的"罗马亭"

103

一些元素和主题。主门的装饰为埃及风格，但窗子是拱形的，颇具罗马风格。T形柱和半身柱的基础和柱身与罗马柱一样均未加装饰。这些柱子、半柱，包括它们的基座都未经装饰，这也与罗马柱的风格如出一辙。亭子上使用了两种柱头，第一种是位于四个边角的半柱，共有8个，顶上装饰着精美的植物；另一种是亚历山大柯林斯式（Alexandrian Corinthian）柱头，上面同样有精美的植物和叶形装饰，这是一种亚历山大后期的典型建筑风格。[29]

在公元1世纪下半叶的纳塔卡玛尼和阿曼尼托统治时期，希腊建筑风格一直都很流行，在纳帕塔的宫殿（B1500）就有这些时尚元素。宫殿建筑外侧的柱头装饰华丽，很像希腊柯林斯（Greek Corinthian）柱。相反，在建筑内侧的柱子则是纸莎草造型的柱头，与埃及纪念碑上的柱头很相似。内侧柱子的这种布置表明这里是一个常见于希腊建筑正面的两层楼之间的绕柱式大厅。[30]

散落在建筑物四周的彩陶外饰也体现出希腊装饰风格。建筑物正中的上方是一组圆形浮雕，刻画的是一只狮子，很可能是狮神，它用利爪抓住一轮新月，在它的旁边雕刻着花卉以及生命和护佑符号，这与麦罗埃洗浴池里的装饰很相似。还有圆形浮雕展示了女性的上半身，采用浮雕技法，其面部微侧上扬，目光向上，卷曲的头发用一个花冠固定，体现出亚历山大时期的雕像艺术风格。[31]

在与地中海沿岸地区保持联系的同时，麦罗埃统治者

努比亚的黄金时代

继续与阿克苏姆王国进行接触。该王国是古埃塞俄比亚的一个区域，位于提格赖（Tigrai）地区，从阿杜瓦（Adwa）山脚附近一直延伸到古厄立特里亚（Eritrea）的厄立阿克莱古扎伊（Akkele Guzai）。麦罗埃统治者与苏丹东部的卡萨拉（Kassala）地区以及阿克苏姆地区的接触是尝试性的，但从一些小型考古发现可以看出，这种接触是在逐步扩大。在乌纳恩达阿布伊族格（Ona Enda Aboi Zewgé，OAZ）墓地的 6 号墓，专家们发现了一枚圆锥形青铜徽章，上面刻着一个新月或太阳轮，而这两个图案都是阿拉伯南部（South Arabian）地区和麦罗埃的图腾符号。[32] 在卡萨拉和科玛的马哈尔特格利诺斯（Mahal Teglinos）遗址均发现了经烧制的黏土徽章，上面的几何图案可能是用于两地间信息交流的[33]。这些外来的陶器碎片表明，在横跨埃及、努比亚，到非洲之角和南阿拉伯地区的复杂网络体系中，马哈尔特格利诺斯是其中的一个重要组成部分。[34]

专家们在 OAZ 的 1 和 7 号墓附近发现了陪葬墓。陪葬墓里的随葬品很少，基本都未经扰动。这些墓葬的作用可能与科玛古典时期（约公元前 1750～前 1450 年）的陪葬墓类似。专家们在位于西麦罗埃（West Meroe）、巴拉那（Ballana）和古斯图尔等地的麦罗埃晚期墓葬中也曾发现过这类陪葬墓。[35] 努比亚贵族墓地中的这些发现表明阿克苏姆初期（约公元前 384～前 32 年）的贵族墓葬也存在这种象征性行为，说明当时除了上努比亚与埃塞俄比亚或

105

厄立特里亚有接触外，这些习俗曾经在努比亚到埃塞俄比亚/厄立特里亚之间的地区广泛传播。

也哈（Yeha）遗址位于北埃塞俄比亚的提格赖，大约在今天的阿杜瓦东北方向25千米处。遗址是一个大型聚居区，其中包括两个神庙和一处墓地。竖井式墓葬（Shaft-tomb）中有大量奢侈品，其中包括来自努比亚的物品和迄今发现唯一上面刻有人名的动物形状青铜印章。[36]

考古学家在厄立特里亚的马特勒（Matara）发现了一个玛瑙制成的哈珀克拉特斯（Harpocrates）神护身符，另外还有一条项链和双蛇神标志，这些都是麦罗埃国王特有的标志，足以证明努比亚与阿克苏姆地区的联系。[37]专家们在阿迪格拉莫（Addi Galamo）发现了4个青铜杯，另外在同一发掘坑内还出土了阿拉伯南部地区和阿克苏姆的物品，其中的两个杯子上还雕刻有装饰性图案，例如在杯子外侧雕刻着蛰伏在纸莎草上的青蛙，杯子内侧则雕刻着公牛和玫瑰花。除了在埃塞俄比亚/厄立特里亚发现的努比亚人工制品外，专家们在阿特巴拉河与尼罗河的交汇处还发现了阿克苏姆君主的遗物，这也是阿克苏姆与努比亚接触的无可辩驳的证据。

一批被称作"Grbyn"的职业商人很可能为阿拉伯半岛、阿克苏姆帝国，以及麦罗埃帝国之间的贸易和文化交流发挥了重要作用。[38]他们穿行在阿拉伯半岛与阿比西尼亚高原（Abyssinian highlands）之间，或许还要进入麦罗埃努比亚。他们还被视为技艺高超的建筑师、设计师和城镇建设规划师，在以西北也门为中心的赛伯伊（Sheba）王国中享有崇高的社会地位。

毫无疑问，坐落于穆萨瓦拉特伊斯－速夫拉的大围场是努比亚最具特色的建筑之一。从其周身的众多神像，尤其是狮神像，可以看出，这座建筑有明显的宗教功能。关于大围场，最引人注目的是它的设计，在努比亚及其周边区域都找不出与之相似的另外一处建筑。然而，其结构却融合了多种文化特征，不同建筑风格都集中体现在这一建筑上。与埃及、努比亚、希腊或罗马的宗教建筑不同，它不是直线形的，其位于中心的平台为同心结构，并经过几道门廊和走廊通往神庙主殿。这种结构很可能是受到了阿克苏姆地区的影响。

这种阶梯式平台布局常见于阿克苏姆地区，比如埃塞俄比亚的顿古尔（Dungur）宫和位于马特勒的 B、C 和 D 区的宫殿式建筑等。这些建筑的中心位置被设计成一个近似方形，并被置于一个同心结构内。与前面提到的大围场一样，建筑物中心与周边区域可通过坡道或逐级上升的阶梯连接起来。尽管顿古尔和马特勒的建筑在时间上要晚于大围场，但我们可以推测，这种结构在此之前就被用于大型宗教或世俗建筑了。然而令人遗憾的是，有关阿克苏姆初期宫殿的出版物很少，比顿古尔宫和马特勒的宫殿更早的建筑还有待于进一步发掘。

语言与艺术

麦罗埃时期最重要的发展成果之一是麦罗埃语言和文字晋级成了官方语言和文字。古埃及的象形文字此前一直是交流与沟通的主要文字，从新王国的殖民时期到古埃及第二十五王朝，再到纳帕塔的统治者，他们在纪功碑上使用的都是中古埃及文字。麦罗埃的象形文字和草书出现于约公元前2世纪，无论王室还是平民使用的文字都一样。新都城建立前，麦罗埃的书面文字一直没得到应用，但早至公元前第一个千年前后，它们可能已经在口头交流中使用了，这从一些名字的组成中可见一斑。在麦罗埃语中阿蒙神的读音是"阿玛尼"（Amani），而不是古埃及的"阿门"（Imn）。国王和王后们将阿蒙神的这种发音用于自己的名字中，例如塔努泰蒙、塔拉卡玛尼、阿玛尼莎赫特和阿曼尼托等。在麦罗埃语中，克什台的含义是"库施"，其他一些单词，例如 Mak（神）、Malo（善），以及 Mote（孩子）也成了王室以及平民名字的组成部分。[39]

麦罗埃书写文字的出现似乎来的有点儿突然。已知的首次使用该文字的地方是在纳伽，当时尚处在莎纳达克托（Shanadakheto）女王统治时期（公元前2世纪下半叶）。这种文字并没照搬古埃及语言，而是将古埃及语言中符合用途的一些符号移植过来，充当自己的音节。早期官方纪功碑上的刻文可能是读给不识字的人听的，所以这种语言

努比亚的黄金时代

使用的是本土发音，这样人们就可以很容易地理解碑上的内容。与古埃及文字不同，麦罗埃文字采用2个或3个垂直的点来分隔单词，对于一个非母语、认识词汇不太多的学习者而言，这无疑让学习变得更容易了。

麦罗埃文字既在宗教文献中使用（见图33），也在世俗文献中使用，其应用载体从小型铭刻到大型神庙铭刻。考古学家们为了解读这种文字曾经付出了很大努力，而且也取得了许多重要进展，其中的某些人名、地名，以及头衔也已经可以辨识，但遗憾的是，这种语言的大部分目前仍然无法识别。[40] 如果这些文本与早先的相似，则很大可能会包含政治成就、神庙布施，以及向死者祭献的记录等。

图33 麦罗埃国王坦伊达马尼（Tanyidamani）的许愿板，上面的麦罗埃铭文里出现了国王和狮神的名字

与麦罗埃语言同一时期出现的还有一种新型陶器，这种陶器形制复杂，做工十分精美，上面一般都有动物（例如牛、长颈鹿、青蛙和鸵鸟等）、人物（包括牧者、囚徒、正在跳舞的农牧之神，以及半兽人等）、不同类型的植物（例如高粱、葡萄藤）等图案。这类陶器大量出现于下努比亚，特别是法拉斯（见图34）以及卡拉诺等地。在穆萨

109

图34 在法拉斯出土的麦罗埃时期的陶器

瓦拉特伊斯-速夫拉和麦罗埃,还发现了麦罗埃时代后期制作这类陶器的作坊,表明这种产品在麦罗埃帝国很受欢迎并被广泛使用。

帝国的终结

帝国兴衰不足为奇,到了公元4世纪,麦罗埃帝国走到了尽头。麦罗埃位于5条主要商路的交汇点上,这些商路分别是沿青尼罗河与白尼罗河的商路、布塔纳(Butana)商路、辛卡特(Sinkat)山口商路、巴育达(Bayuda)商路、克罗斯库商路。麦罗埃的统治者对通往非洲腹地的这些商路一直保持着控制。但是,在另外5条商路——2条源自苏丹低地地区、1条源自西埃塞俄比亚、2条沿红海的交汇点上坐落着也哈,为阿克苏姆的统治者控制红海沿岸的贸易创造了条件。为争夺通往非洲腹地各商路的控制权，麦罗埃和阿克苏姆统治者之间的争斗不可避免。

在麦罗埃发现的公元3世纪或公元4世纪的阿克苏姆国王的两件希腊语碑文记述了麦罗埃和阿克苏姆两个王国之间的冲突。[41] 这段记述可能在阿克苏姆第一个基督徒国王以扎纳（Ezana）执政之前，说明两个帝国之间的冲突是不断升级的。但遗憾的是，两件物品过于破碎，只能从中读出很少细节。

以扎纳在公元4世纪中期的某个时候入侵了麦罗埃，虽然对这次军事行动的性质以及麦罗埃灭亡的原因尚存争议，但用希腊文记载胜利的碑刻上，以扎纳被称为埃塞俄比亚（努比亚）之王，因此从这点看，以扎纳的确是征服者。[42]

麦罗埃帝国消亡后，代之而起的是若干强大的贵族集团，从西墓园出土的大量随葬品便可略见一斑。随着时间的推移，都城逐渐荒废，神庙最终也被遗弃了。麦罗埃的最后一个国王是特克芮迪马尼（Teqorideamani）。麦罗埃被放弃后，帝国进入到一个过渡期，在这段时间里，分散于各地的小型权力中心取代了原来的中央政权。

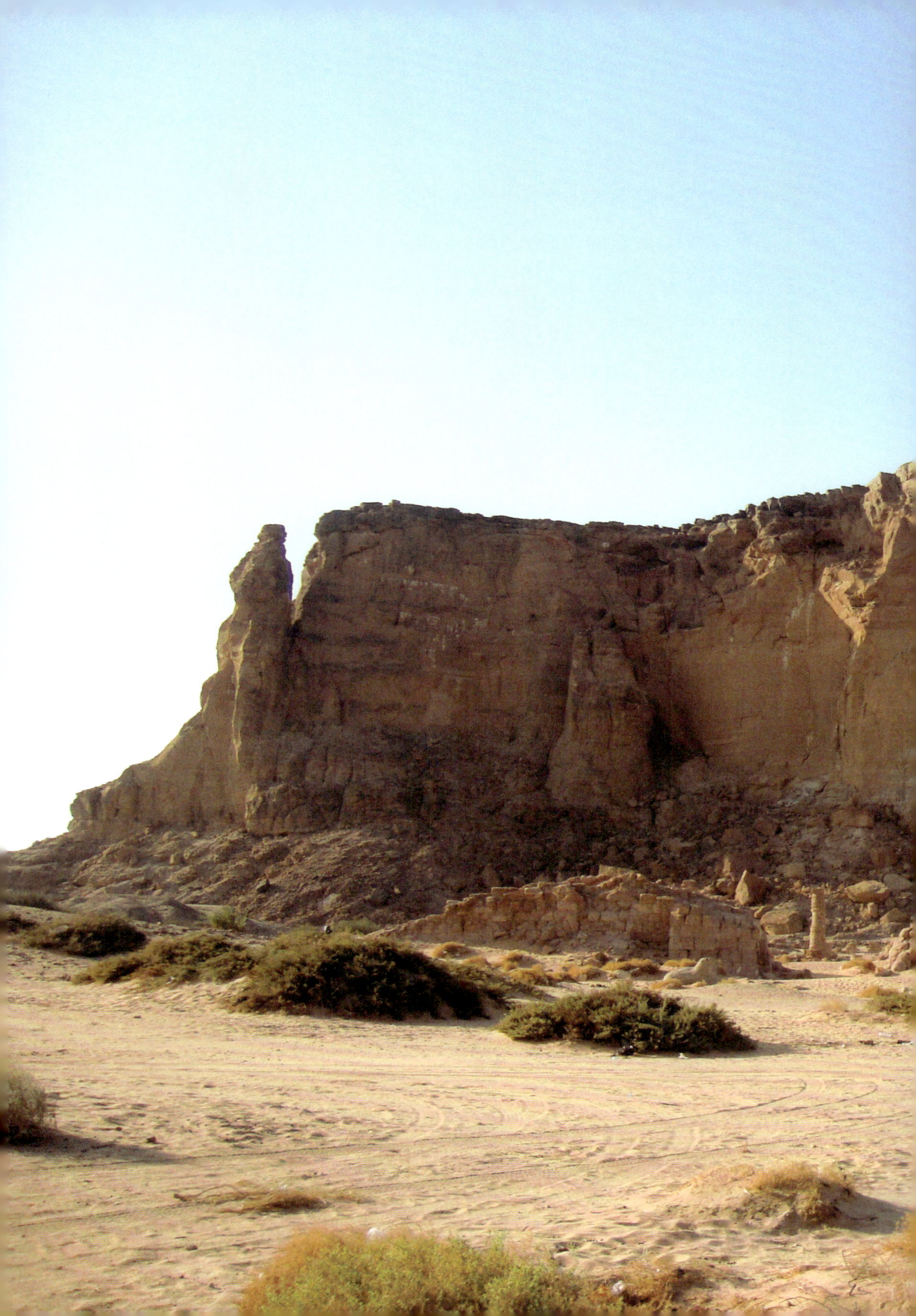

努比亚的
万神殿

在成为新王国殖民地（约公元前 1550～前 1070 年）前，努比亚有一种本土宗教，人们把山顶、洞穴和裸露的岩石尊为神圣之物。从一些墓地出土的随葬品可以看出，早期的努比亚人相信人死后会进入另外一个世界。关于努比亚的宗教信息主要来自社会上层或王室的相关素材，因为这类材料保存得较好。

在努比亚，科玛城的西德芙法以及与王室墓园有关的东德芙法是已知最早的永久性宗教建筑。古埃及殖民时期，在尼罗河沿岸直至第四瀑布地区的范围内修建了许多供奉古埃及神祇及统治者的庙宇。随着这些神庙的建设，努比亚人开始崇拜古埃及的男女神明，并将其作为自己的神祇请进了万神殿。

动物在努比亚的宗教信仰中扮演着重要角色。在努比亚的万神殿里，古埃及的阿蒙神是最重要的神明之一，其重要性滥觞于新王国殖民时期，但作为拥有至高法力的神明真正被人们接受却是科玛时期。在古埃及，阿蒙神以人的面目出现，头上戴着配有高高的羽翎装饰的帽子。而在努比亚宗教信仰中，本土化的阿蒙神却是一只公羊，或者是一个长着公羊头的人形。努比亚的公羊崇拜早在科玛时期就形成了，人们用涂抹了色彩的太阳轮、鸵鸟羽毛，以及象牙角护套作为随葬品。新王国以及后来的努比亚国王开始在头饰上添加阿蒙的弯曲犄角（见图35），这表明阿蒙有了新的身份。

自然形态在努比亚的古老信仰中具有重要的宗教意义，纳帕塔因其自然地貌被认为是一个重要去处。纳帕塔的地形特点是，该地中间有一座被称作"纯净山"（见图36）的平顶山，四周为平地，于是努比亚人把此地视为阿蒙神在努比亚的居所。在皮耶统治时期，对阿蒙神的崇拜重新流行于努比亚全境，其中以纳帕塔、卡瓦和科

图35　阿蒙-瑞神的公羊头辟邪坠（第二十五王朝时期）

图36　位于纳帕塔（捷贝尔巴卡尔）的"纯净山"

玛地区最为盛行。

在纳帕塔修建阿蒙神庙（B500）标志着当地人对阿蒙神的崇拜进入了新阶段。那时的大多数神庙都是为阿蒙神而建的，[1]这表明阿蒙神在努比亚和古埃及都备受尊崇，正如凯尔奈克之于古埃及，努比亚的纳帕塔成了神在南方的家园。

古埃及新王国时期，努比亚的长着公羊头的阿蒙神与象岛的赫努姆（Khnum）神[2]实现了融合。赫努姆负责控制尼罗河水每年的泛滥，两尊神的融合让阿蒙神也有了相同的法力。古埃及新王国时期，法老图特摩斯三世在象岛为阿蒙神修建了一座神庙。或许，古埃及人将阿蒙神与努比亚的那个长着公羊头的神相结合，是想通过树立一个控制河水泛滥的神，进而强化对努比亚的控制。[3] 根据官方规定，新年起始的日期是尼罗河水开始上涨之日，届时人们将举行庆典仪式，企盼生命赓续，让河水为埃及和努比亚带来肥沃的土地。我们从第二十五王朝和纳帕塔时期（约公元前 800～前 300 年）的各种文献资料中可以看到，国王参加新年庆典具有非同凡响的意义。

皮耶在其大凯旋碑上描述了他根据洪水情况调整军事部署的情形：

> 我将乘船北伐……新年庆典后，我将为父神阿蒙献祭，届时新年的美景就出现在面前，它静静地护送我赴欧普特（Opet，埃及神话人物。——译者注）的节日盛宴，一睹阿蒙的真容。[4]

这段话为其远征赋予了某种宗教意义，因为这次征服埃及的行动是从南到北、沿着尼罗河两岸进行的。

公元前 664 或前 663 年塔努泰蒙对埃及的军事行动无论行军路线和时间节点都与皮耶的征伐基本一致，从而再一次把神圣的努比亚和埃及领土连接在一起：

> 陛下前往纳帕塔……陛下的舟船向北驶去……陛下抵达象岛，来到瀑布之神赫努姆－瑞（Khnum-

Re）的神庙……继续向北来到素有阿蒙神之城之称的底比斯……陛下乘船继续向北……到达孟菲斯。[5]

阿蒙能带来洪水，这种认识一直延续到纳帕塔时代晚期。此时，纳帕塔的阿蒙将哈希约特夫送上了王位并为他带来了洪水：

现在我（纳帕塔的阿蒙）把努比亚王冠授予你，你将拥有其全部土地。（我）会给你幸福之水（指洪水）……现在你看到了我赐给你的这股洪流。[6]

在举行宗教庆典时，尼罗河水还是净化建筑物和人体的重要手段。为新任法老举行登基庆典时，虽然不一定同时为他举行洁身仪式，但仪式与新国王就职确实存在某种关联，这是国王树立王权的重要一环。

纳帕塔时期，人们往往把水和纳帕塔的神圣地位联系在一起。有人在山上发现了一处岩画，上面展示的是一条长着公羊头的蛇缠绕在凯姆特福（Kamutef）神高高举起的手臂上的情景。在这里，阿蒙的神力表现为从山体内部喷涌而出的急流，象征着国王一统江山的能力。纳帕塔的阿蒙神被认为能给予世间万物各种力量，它让水去净化万物，赋予王权以合法性。[7]这种传统一直延续至麦罗埃时期（约公元前 300～350 年）。在对 B2200 这座建筑进行考古发掘时，专家们发现了一些上面绘有不同题材图案的陶瓷碎片，涉及古埃及宗教、古希腊神话和本地故事等。有关古埃及的主要是安可架和莲花等，其中有一组描绘的是哈索尔神和供奉祭品时使用的桌子。这种陶器上的装饰还出现在麦罗埃时期的丧葬物品中，其中有的器物上还绘有青蛙图案。青蛙与莲花象征着新生与生命的永恒，这无形中让人联想到尼罗河赋万物以生命的力量。[8]蛇的图案代表了凯姆特福神的化身——阿蒙，而且蛇身四周长出藤蔓枝叶，从而把古埃及和古希腊宗教中有关冥界的力量与再生理念有机地融合在一起。

纳帕塔和麦罗埃时期的神庙里可以见到国王沐浴洁身的证据。麦罗埃的阿蒙神庙（M260）有一个多柱式大厅，这里是登基典礼时国王沐浴洁身的地方，大厅的中央有一个深度较浅的方形浴池。在卡瓦的T神庙前院的北墙上有一幅画，上面描绘的是塔哈卡洁身的场景。画中，出现在国王登基典礼上的何露斯和透特（Thoth）正在为国王洁身。完成登基与洁身仪式后，塔哈卡被引领至卡瓦的阿蒙神面前，仪式遂告结束。

专家们在M950这座建筑物的M954和M954a号房间发现了砂岩质地的水池，因上面载有天文符号和麦罗埃早期的一些用于计算的刻痕，于是有人认为这些水池是当时"观象台"的组成部分。[9]这些天文符号和计算痕迹可能是用于计算昼夜时间的，并以此确定季节和洪水到来的日

期。水池可能被用来储存洪水期间的净水，以备来年举行宗教仪式时使用。在希腊和罗马化时期的埃及，这种做法常见于神庙和私人住所，后来传到了努比亚。[10]

王权神授

王权神授在努比亚统治者看来是天经地义的，然而这种认识是否出现在他们与古埃及人开展交往之前尚难以确定。鉴于努比亚人在王位继承问题上面临更多冲突和选择，所以其统治者对古埃及的王权哲学很感兴趣。

人们还可以从发现的许多努比亚碑文和神庙墙壁上铭刻的文字上看出阿蒙神对努比亚统治者的重要意义。在卡提马洛（Katimalo）的碑文里记载了一位姓名不详的国王的一段话："阿蒙在其神谕里认可我继承王位，至于这一年里发生的其他事儿我都想不起来了。"[11] 在阿斯帕尔塔的当选碑（Election Stela）上，阿蒙被尊为努比亚负责遴选国王的元神："从瑞（Re）伊始，阿蒙便是护佑库施王位之神，为我们引领方向，库施国王尽在其股掌之中，他总是将王位授予钟爱的儿子。"[12] 在纳帕塔、卡瓦和普努布斯等地均出现了阿蒙的化身，这表明阿蒙神已被赋予本土化的形象，这种古老崇拜正在恢复，其重要性也在不断提升。[13]

除了借助阿蒙神来强化统治的合法性之外，努比亚的国王们还十分推崇玛亚特（ma'at）这一古埃及关于宇宙和谐的理念。在加冕时，国王们往往通过重建神庙、采取军事行动或向神庙和祭司提供捐助等倡导玛亚特理念。塔哈卡在这方面显得尤为热心，他在新王国时期的一些中心城镇重建了神庙，比如位于法拉斯和布亨的何露斯神庙，以及西塞姆纳的森沃思莱特三世和德得温神庙。[14] 伊瑞克-阿蒙诺特当政时期也在多奇盖尔重建了一些神庙。[15]

加冕典礼恰逢洪水来临的第一天，那是最理想不过的了，因为努比亚的阿蒙神会在这一天现世并见证整个过程。新任国王总想将加冕典礼放在新年这一天，但指定继承人并为其加冕并不总能按日历进行。[16] 所以，如果新年出现在新国王加冕后，则当新年来临时往往会安排一场新的庆典活动。

在古埃及法老中，霍伦希布（Horemheb，在位时间：约公元前 1323～约前 1295 年）的加冕典礼是少数几个可以与努比亚国王相媲美的加冕典礼之一。[17] 霍伦希布并不是王室家族成员，因此需要神来确认其王位继承资格。为了宣示自己继承王位的合法性，他宣称自己刚一降生就具备王者气质。加冕典礼在底比斯举行，阿蒙神把他送上了王位。

阿蒙-瑞为霍伦希布的加冕地点应该是 per nesu 宫，但霍伦希布来到阿蒙神之女的居所 per wer，然后在 per neser（火焰之屋）众神的欢呼中，接受了带有蛇神标志的王冠。[18]

通常情况下，per wer 指的是上埃及尊崇的鹰神内可

贝特（Nekhbet）的居所，上埃及国王佩戴的是鹰形白色王冠；而 per neser 则是指下埃及尊崇的蛇神瓦德伊特（Wadjet）的居所，那里的国王戴蛇形红色王冠。古埃及的法老们在加冕时都要去这些神圣之地参拜，并在那里领受国王徽章[19]。传统上，这些去处是分别位于南部的艾尔－卡布和（北部）三角洲地区的布托（Buto）等地的不同神庙。到霍伦希布当政时，它们只是位于底比斯凯尔奈克的神庙里的几处殿堂。

在位于纳帕塔的 B1200 号宫殿的 B1234 号房间，其门框上刻写的文字可追溯到安拉玛尼统治时期（公元前7世纪晚期）。这些文字表明，努比亚国王也会在加冕典礼时前往神庙的 per wer 和 per neser 大厅参拜，并在那里接受王冠。

有时，梦境也被用于佐证统治者合法性的手段。塔努泰蒙在他树立的梦之碑上记述了阿蒙神授予其王位的过程：

> 夜里，陛下梦见两条蛇，一条在他的右侧，一条在左侧。醒来后两条蛇却不见了踪影。陛下说："为什么会发生这种事儿呢？"这时一个声音回答道："南方的土地（努比亚）属于你（已经实现），（现在）你要去占领北方的土地（埃及）。两个女神就在你的头上，北方的土地将全部归于你，没人会与你分享。"[20]

后来，塔努泰蒙立了一块详细记录其登基典礼的石碑，说明他的梦发生在自己的登基大典之前。哈希约特夫统治期间（公元前4世纪早期），为了证明自己是伊瑞克－阿蒙诺特（公元前5世纪下半叶）的合法继承人，他也祭出了这种手段。根据哈希约特夫的年表，这位国王曾把神的谕旨晓谕全国：

> 我来到阿通（Aton，即卡瓦）的阿蒙－瑞神庙，并把纳帕塔的阿蒙神对我说过的话和盘托出；我来到了普努布斯（科玛）的阿蒙－瑞神庙，把纳帕塔的阿蒙神对我说过的话复述了一遍；我来到了塔勒（Tare）的巴斯泰（Bastet）神庙，又把阿蒙对我说过的话讲了一遍。[21]

拜访了这些地方，每次都重复纳帕塔的阿蒙神对他说过的话，哈希约特夫进一步强化了其王位继承的合法性。

纳帕塔时期，国王的加冕过程更加复杂，绝非将前国王的儿子和王储扶上王位那么简单。在许多王室的铭刻中都有新国王选立过程的相关记载，例如阿斯帕尔塔（公元前7世纪末）的选立碑、伊瑞克－阿蒙诺特的铭刻等。在这两份记载中都有前国王去世后军队前往王宫护卫新君的描述：

>在陛下（阿斯帕尔塔）的军队中，有一批值得信赖的指挥官……他们号召全军："来吧，请出我们的主人。"[22]
>
>于是，陛下（伊瑞克-阿蒙诺特）的军队随着指挥官一起走向王宫。[23]

国王现身后，"陛下"的将军和宫里的"朋友们"走向阿蒙神庙，请纳帕塔的阿蒙神降谕……他们对僧侣们说："请阿蒙-瑞神将我们的君主（阿斯帕尔塔）赐予我们。"[24] 或者，这些人干脆直接确定继任者，"我们（军队）心有所属，将这片（土地）的王位授予他（伊瑞克-阿蒙诺特）。"[25]

拥立完成后，新君将参加加冕典礼。在此过程中，他还要分别到麦罗埃、纳帕塔、卡瓦和科玛等地参拜当地的阿蒙神化身，请他们将王权授予自己。在不同地方举行仪式有助于让王权与个人联系在一起而非仅局限于某个特定区域，尤其是在栋古拉-纳帕塔地区。[26] 因此，无论国王居住在什么地方，他都可以在那里发号施令。

努比亚的治理架构以阿蒙神庙-王宫复合体为中心，国家由王权与神权共治，二者都代表着整个国家的意志。在新王国时期，王宫被安排在神庙的轴线上，这种布局也体现了王权与神权的这种关系。[27]

无论王宫还是神庙，其正面的柱子和门框上都有彰

努比亚的万神殿

显国王凌驾于国人之上的场面。王宫的内墙上很可能有描绘曾发生在此地的加冕典礼的场景或者在宫殿外阅兵的场景。与之类似的是，神庙内部的墙壁上有在此举行仪式或者朝拜者人来人往的场景。这种联系表明，在宫殿举行的典礼与神庙中的各种仪式所展现的神的权威之间存在着某种相似性。[28] 在努比亚各地的遗址中，我们也能看出王宫和神庙的这种关系。在祭神活动中，国王的行进方向要么是对着神庙，要么对着王宫，因此王宫的朝向也是对着阿蒙神庙方向的。

除在麦罗埃、纳帕塔、卡瓦以及科玛外，加冕典礼有时还在塔勒的巴斯泰神庙举行，这与前往阿蒙神庙进行祭拜有所不同。尊崇巴斯泰有着重要意义，这一传统很可能源于皮耶当政时期，因为皮耶曾用过"巴斯泰之子"的名号，而不是传统的"瑞之子"。这个女神对于努比亚国王的重要性可能与穆特（Mut）、塞赫迈特（Sekhmet）以及泰夫纳特（Tefnut）三位女神有关，她们互相配合，成为"瑞之眼"（the Eye of Ra），也就是太阳神的保护神。很可能巴斯泰在努比亚也被赋予了同样的角色，因此人们在塔勒为她建了神庙，该庙也就成了国王领受王冠和蛇神头饰的又一去处。

这种做法贯穿于整个纳帕塔时期。纳斯塔森（公元前4世纪下半叶）的石碑上详细记载了国王加冕过程中行走的路线，除了几个主要地点外，还到了塔勒："（我）来到了母亲的居住地——塔勒的巴斯泰神庙，她给了我生命，让

125

我长寿，还有她左侧的乳房。"[29] 在努比亚和埃及，在重要仪式（不包括葬礼）上，乳汁象征着青春回复和生命转换，受领者将被赋予神性。早在古埃及新王国时期，在加冕典礼结束时举行饲乳仪式成了一种惯例，女神为国王饲乳（见图37）象征着他们之间的母子关系，对国王的合法地位非常重要。有了这个过程，国王的王权不仅实至名归，而且还具有了宗教意义。[30] 为

图 37　带有巴斯泰为塔哈卡饲乳图案的护身符

国王饲乳的女神有伊西斯、穆特和巴斯泰。伊西斯是何露斯的母亲，是母亲的典范，也是现任国王的母神，因此也就是国王的母亲。专家们从位于艾尔－库鲁的内夫鲁可卡施塔（Nefrukekashta）王后墓中出土了一块银质饰板，上面是一个女神正在为王后饲乳。[31] 这种情形非常少见，但它表明，女性作为生命的赋予者，拥有与国王相似的强大权力和重要地位。

麦罗埃的宗教

随着麦罗埃帝国的崛起，努比亚本土神祇日益受到人们的尊崇。狮神阿普德马克在麦罗埃众神殿里即使不是最尊贵的神祇，也是一位非常重要的神明。它长着一个狮子头，其名称的含义是"保护者"。狮神经常手持弓箭将犯人押往统治者面前，突出反映了他的武士和猎人身份。[32] 纳塔卡玛尼和阿曼尼托（公元1世纪下半叶）时期在纳伽修建的狮神庙为我们展示了狮神的几幅图像。在庙门的两侧，狮神的形象是狮首蛇身（见图38），他长着人的胳膊和手，头戴一顶从莲花中升起的非常精致的hem-hem王冠。神庙的墙上绘制的是一个狮首人身的形象（见图39），同样戴着一顶hem-hem王冠。还有一幅画上绘制的是一个人，拥有3个狮头和4只人类手臂。塔门正面的图案则是在纳塔卡玛尼两腿中间，一头狮子正在咬死一个敌人。他的搭档阿蒙瑟米（Amesemi）是一个女性形象，她的头饰为两只苍鹰站在一轮新月之上。

瑟毕巫梅克（Sebiumeker）和阿伦斯努菲斯（Arensnuphis）是传说中的武士和猎手，两尊神经常一起出现。作为神庙的守护者，这两尊神通常出现在神庙入口的两侧。[33] 瑟毕巫梅克名字的含义是"穆萨瓦拉特（Musawwarat）的君主"，他的形象是一个身着短裙的男人，拥有一副神仙般的胡须，头戴古埃及双色王冠；阿伦斯努菲斯名字的含义

是"好伙伴",其形象是一个身穿短裙的男性,头戴羽冠,留着神仙胡须,但有时也被刻画成一头狮子。除了对本土神祇顶礼膜拜之外,麦罗埃人也祭拜古埃及的哈索尔、伊西斯、俄塞里斯(Osiris)、阿蒙以及穆特等神祇。

图 38　位于纳伽的蛇形狮神

图 39 纳伽的狮神庙

麦罗埃的加冕典礼

在麦罗埃时期，努比亚人对王权的观念有所改变，他们十分强调国王的尚武精神。穆萨瓦拉特伊斯－速夫拉的大围场就反映了这一新的观念。围场内的所有浮雕上都有狮神参加国王加冕典礼的场面。

大围场第 101 号厅的柱子上刻有加冕仪式的场景，图案上既有国王固有的形象，也有他身披戎装的武士形象。在 7 号柱上有一个画面，新立为国王的王子头戴一顶努比亚王冠，王冠上是一个蛇神和弯曲到耳朵的公羊角。国王身穿一个在肩部束紧的外氅，在他左边的是何露斯，右边则是透特，分别从两侧簇拥着他，何露斯身旁的伊西斯正将一顶下埃及的红色皇冠授予国王。

129

8号柱上的场景表现的是伊西斯手握从王冠上垂下来的绶带,以此确认国王的君主身份。国王和伊西斯站在瑟毕巫梅克面前,其中国王与瑟毕巫梅克之间有一朵莲花,一条带翼的眼镜蛇从莲花中现身,蛇头上戴着古埃及的双色王冠。眼镜蛇朝新任国王展开双翼以示对他的保护。8号柱上的另一幅图表现的是国王站在狮神和他的伴侣阿蒙瑟米面前,国王与两神之间是用绳子捆绑在一起的几位俘虏,绳子的另一端攥在国王的左手里,代表狮神授予国王对敌人生杀予夺的权力。[34] 9号柱上保存下来的画面表现的是国王身穿朝服、手持弓弩的场面,阿伦斯努菲斯引领他走向一个长着公羊头的神,神伸手扶着他的右肘部。这很可能是卡瓦的阿蒙神,根据传统,该神会在加冕典礼上向他赠送一张弓。[35]

10号柱上的两幅图描绘的是加冕典礼上的最后几个场景。左边的图上是国王站立在狮神面前,他的上方有一只猎鹰在护佑着他,站在国王后面的是王位继承人。通常说来,国王只通过祭拜阿蒙神来宣示其合法地位,但麦罗埃神祇的出现说明本土神明的重要性在日益提高。右边的图描绘的是戴着猎神阿伦斯努菲斯头冠的国王正面对着纳帕塔的阿蒙和穆特。[36] 国王将一个胸饰呈献给阿蒙,象征着自己将履行王权义务。作为回应,两神向国王回赠了象征生命的安可架。在国王与两神之间是从莲花中现身的一条眼镜蛇,它头戴古埃及双色王冠,双翼展开,但不是朝向国王,而是朝向这两个神。这是加冕典礼的最后一幅场景，所展示的是新国王与阿伦斯努菲斯的关系，眼镜蛇翼展的转向可能意味着国王从现在开始便担负起了保护努比亚的责任，同时也在表达对各位神祇的敬意，因为正是他们才使得自己的地位合法化了。

丧葬习俗

随着古埃及移民，特别是新王国殖民时期至纳帕塔时期大量移民的涌入，各种古埃及元素也随之进入了这一地区，并逐渐与当地人的思想观念相互融合、适应。与之前用裹尸布包裹起来并安置在尸床上的习俗不同，这一时期的死者通常被制成木乃伊并装在棺材里埋葬。[37] 根据古埃及宗教信仰，死者被视为死亡、复活、繁殖之神俄塞里斯。

纳帕塔的国王们在他们的丧葬活动中借鉴了古埃及风格的文字内容，特别是那些记录在石棺和石碑上的内容。对这些内容及其用途的了解很可能来自古埃及第二十五王朝的纳帕塔人统治时期，那时作为古埃及宗教中心的底比斯有了非常重要的地位。1918年，乔治·赖斯纳（George Reisner）发现了纳帕塔国王安拉玛尼和阿斯帕尔塔的石棺，他们分别葬在位于努里的第6号和第8号金字塔下的墓室中。两具石棺上均有精美的装饰，石棺上雕刻的文字和浮雕显示，他们希望被视为埃及的合法统治者，因此均对自己的纳帕塔身份做了低调处理。[38] 这些文字均模仿了古埃及宗教文本，如金字塔文（Pyramid Texts）、棺文（Coffin

Texts）和《死者书》(*Book of the Dead*)。当然这其中也有一些变化，很可能是工匠们使用了不正确的原始版本而发生的错误。墓葬的装饰和布置也在效仿古埃及模式。古埃及女神内夫蒂斯（Nephthys）像位于石棺前端，伊西斯像则位于后端；画上有太阳神的昼夜船，旁边是对日出日落的赞美诗；何露斯的4个儿子伊姆赛蒂（Imsety）、杜阿穆特夫（Duamutef）、哈比（Hapy）和克贝色努夫（Qebehsenuef）则负责保护木乃伊制作过程中移除的脏器。

塔努泰蒙（在位时间：约公元前664～前656年）及其母亲廓尔哈塔（Qalhata）女王的墓室墙上刻着古埃及的象形文字，并结合了一些古埃及和努比亚的人物肖像。[39] 图案中，国王身披一件努比亚风格的披风，脖子上戴着一件阿蒙神头部形状的吊坠，头上戴一顶有王权标志的库施式无檐帽，额头上是饰有双蛇神的王冠，另有几条飘带垂在后面。祭庙门侧面绘有女神伊西斯和内夫蒂斯像，另外还有何露斯4子中的两人——杜阿穆特夫和克贝色努夫。墓室的内墙上绘有与古埃及神祇相关的场景：国王被绘成身魂鸟（ba-bird，是古埃及宗教教义中灵魂的主要一面，身形如鸟，象征人死后其灵魂的活动性。——译者注）——一种麦罗埃时期更为流行的图案；一群狒狒和胡狼正对着上面载有太阳的太阳船膜拜；另外还有何露斯的4个儿子。这些图景中还穿插着许多由象形文字构成的纵向排列的柱子和横向分布的线条。

国王母亲的墓位于国王墓的西南方向，装饰风格也很类似。画面显示，她穿着一件宽袖衫，脖子上有一副大项链，努比亚式短发上是一副古埃及王后常用的秃鹫头饰，身边陪伴是何露斯的4个儿子。图中显示，她也被制成了木乃伊，躺在一张带有狮头装饰的床上。其中的一个画面是，一位男子把安可架放在木乃伊鼻子部位，象征着让她复活。与儿子墓室装饰类似，她也有一个太阳船，一群狒狒和胡狼对着太阳船上的太阳膜拜，另外还有几排古埃及神祇。

努比亚人在麦罗埃时期仍修建了许多金字塔，其规模大小不一。从麦罗埃向北约725千米的第二瀑布和第三瀑布之间有一处称作塞德恩伽（Sedeinga）的遗址，虽地处偏僻，但那里有不少麦罗埃时期下努比亚贵族的金字塔。已发现的金字塔有数百座，宽度多在0.762～6.7米，其中尺寸最小的都是儿童墓。[40]这里的金字塔数量多，大小不一，可能是因为本地距都城遥远，当地居民们觉得在这里仿效南方统治者建造金字塔是一件开心的事情吧。

祭台是麦罗埃王室和贵族丧葬活动中的一个重要元素。祭台通常为正方形，中间是一条环绕人物像的水槽或水道。祭台边上刻着古埃及象形文字或用麦罗埃草书写成的铭文，内容通常都是些祈祷时的套话，如死者的名字等。开凿而成的一条沟槽从祭台的"喷口"处引出，祭奠时的酒水可以沿着沟槽流到祭台中心的水池。祭台在墓葬入口东侧的外面，被安放在一个砖砌的平台之上，旁边则是墓碑和一只身魂鸟雕像。[41]之所以将祭台安置在平台上，可能是为

了方便祭司在上面祭酒。

祭台上的图像一般都是神祇为死者祭酒的场面，常见的有安努毕斯（Anubis）等，他们负责为死者提供水、酒、牛奶，以及餐食等。在祭台上出现的其他女神，如伊西斯、玛雅特（Ma'at，古埃及宗教中代表真理和正义的女神。——译者注）、梅列特（Meret）和努特（Nut）。有时候安努毕斯身边还陪伴着一个素装女性，这很可能是一位王后，因为在纳帕塔和麦罗埃宗教体系中，她们还承担着女祭司的角色。[42]

在古埃及神话中，安努毕斯是尸体防腐的守护神，在举行心脏称重仪式过程中，他负责帮助死者踏上通往死后世界的旅程。安努毕斯通常以豺头人身形象示人，有时被描绘成慵懒地躺在圣坛上的一只豺。安努毕斯在麦罗埃丧葬文化中具有重要地位，因此常被绘制在祭台上或门的侧柱上。从新发现的丧葬文字中可以看出，在麦罗埃的整个历史时期，安努毕斯一直备受人们尊崇。香薰防腐在努比亚并不是一种普遍做法，因此安努毕斯的职责逐步演化成了为死者提供祭品。在努比亚所有阶层的墓葬中都发现有丧葬用品，如杯子、罐子等可以为死者在阴间所用的物品，这说明，当时人们的观念中为死者提供食物还是必要的。

随着与地中海地区的交往不断增加，对迪奥尼索斯（Dionysus，古希腊神话中的酒神。——译者注）的崇拜在麦罗埃时期逐渐兴起。在希腊-罗马化的埃及，迪奥尼索斯与俄塞里斯被结合在一起，从而进一步强化了人们对复活之神俄塞里斯的崇拜。[43] 在新年、洪水和丧葬宴等重要场合，饮酒或祭酒活动都很流行。[44] 随着对迪奥尼索斯的崇拜不断加深，葡萄酒作为一种公认的酒祭品也越发流行起来。专家们在一些努比亚遗址发现了葡萄酒压榨机，表明当地也生产葡萄酒。以迪奥尼索斯和葡萄酒为主题的画面与复活神一起在各种装饰中变得越来越流行了。

专家们在麦罗埃发现了一个水罐、一个装酒的双耳长颈瓶，另外还有一件陶器，陶器上绘有几个男人手持棕榈树枝在葬礼上跳舞的场面。[45] 在麦罗埃晚期的卡拉诺墓地发现的一个容器上绘有几个萨梯（satyr，古希腊神话人物，喜好酒色。——译者注）绕着双耳瓶跳起酒神舞（Dionysiac）的画面。纳塔卡玛尼和阿曼尼托的宫殿位于捷贝尔巴卡尔（B1500），如今人们在宫殿的装饰和宫殿里发现的一些陶器上还能一睹迪奥尼索斯酒神崇拜的画面。阿曼尼托王后的金字塔位于麦罗埃，在金字塔祭庙的墙壁上以及在瓦德班纳伽发现的一个祭台上也发现了以葡萄及葡萄酒为主题的画面，[46] 表明麦罗埃时期对酒神的崇拜已经广泛流行，并一直延续到麦罗埃时期之后。下努比亚的一些地区因与希腊-罗马化的埃及接触更频繁，因此这一风俗更为流行。

努比亚人的宗教实践及对神灵的形象刻画，充分彰显了他们在历史上的高度适应能力。努比亚在不同时期曾受埃及文化和托勒密文化的影响，但他们从未丢掉自己的根脉，他们把自己的神搬进神庙，让传统适应自己的现实需要。

135

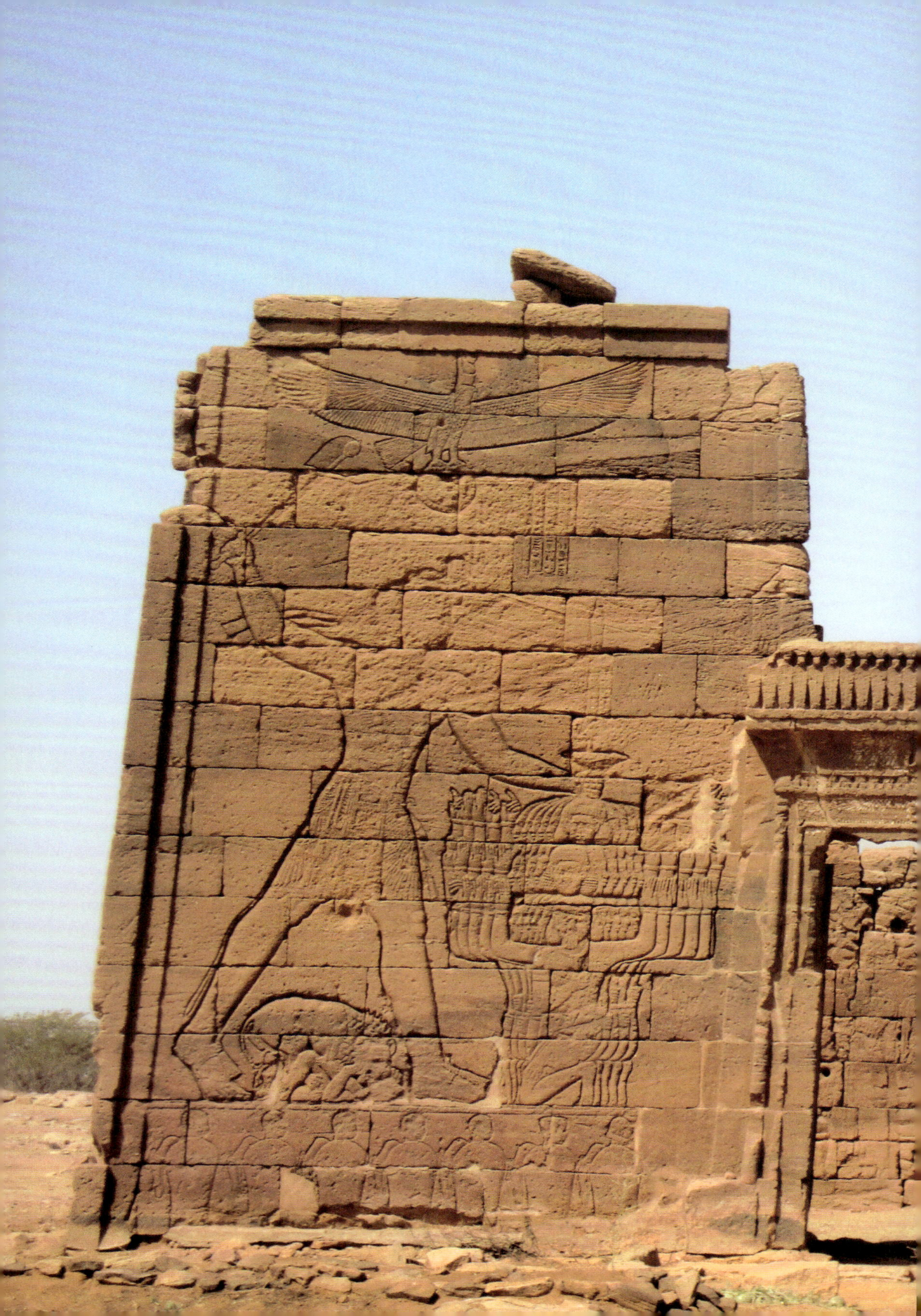

麦罗埃的"坎迪斯"

如同努比亚历史的许多方面一样，我们所了解的努比亚杰出女性也多来自贵族和王室阶层。毫无疑问，麦罗埃的"坎迪斯"仅是努比亚女性中位高权重者的典型代表，但她们绝非首批在努比亚宗教和政治领域中发挥重要作用的女性。

很可能早在古埃及中王国时期就有努比亚公主嫁给古埃及王子了。据说门图荷太普二世（Mentuhotep Ⅱ）妻妾中的阿莎叶特（Ashayet）和科姆斯特（Kemsit），来自努比亚，两人的皮肤总是被画成黑色或红棕色，而非古埃及女性的淡黄色。由于努比亚女性嫁到埃及后会将原来的努比亚名字改换成埃及名字，所以要追溯她们的背景就非常困难了。非王室家族的努比亚女性也有可能嫁给古埃及男性，特别是与驻守第二瀑布要塞的古埃及士兵们朝夕相处的那些女子。

女性也可以担任祭司。牛在努比亚社会中很受重视，因此哈索尔这个备受尊崇的牛首人身女神便轻易地进入了当地人的精神世界。据古埃及艺术家的描绘，[1] 女祭司经常在努比亚的宗教仪式上表演本地舞蹈。新王国时期，古埃及的王后和王室女性们有时也身居要职，古埃及也因此常有女强人出现。

权力宝座上的古埃及女性

古埃及官方文字中并没有"女王"这一称谓，在提及这些执掌权利的女性时，大多要视她们和国王、王储的关系而定，比如"国王之妻""国王之母""国王的姐妹""国王之女"等。她们时常参与或署理朝政。

有关古埃及女性掌权的资料并不多，但也确实偶尔有些这类记载。一位名叫赛拜克奈夫鲁（Sobekneferu）的女性很可能在第十二王朝的末期（约公元前 1777～前 1773 年）登上了最高权力宝座。她的名字出现在《都灵王名册》（Turin Canon）中，但在阿比多斯国王名录中被删掉了。对这份国王名录，塞提一世和他的儿子拉美西斯二世（Ramesses Ⅱ）认为有些执政者并没什么价值，这些人的名字会被父子二人删掉。人们曾发现一尊赛拜克奈夫鲁的雕像，她身着女装，头上是只有国王才能佩戴的头饰。

在登上最高权力宝座的古埃及女性中，新王国第十八王朝的哈特谢普苏特（Hatshepsut，在位时间：约公元前 1479～前 1458 年）便是其中之一。她是图特摩斯一世与有着"至尊王妻"（Great Royal Wife）称号的阿赫摩斯王后唯一的孩子，一开始负责为年轻的图特摩斯三世摄政，后来干脆宣布自己为埃及王位的合法继承人。为了让自己的地位合法化，她把自己塑造成阿蒙神的女儿。执政期间，她下令修建了几项建筑工程，其中包括位于凯尔奈克的第八

塔门、几座方尖碑等，而且还在达尔巴赫里为自己修建了祭祀庙（Mortuary temple）。该庙的墙上记录了她和朋特开展贸易的情况。很显然，她的继任者认为其统治不合规制。后来，图特摩斯三世发起了一场运动，把她的名字从历史记录中抹掉，甚至还让人推倒了她在达尔巴赫里的雕像，将雕像砸成碎块埋入地下。更有甚者，他的儿子阿蒙霍特普二世（Amenhotep II）还把她的名字和图案从凯尔奈克的塔门上抹掉，然后在上面刻上了自己的名字和形象。

已知的最后一个登上权力顶峰的古埃及女性是新王国第十九王朝末期的塔沃斯特（Tausret，在位时间：约公元前1191～前1189年）。继承她丈夫王位的人是西普塔（Siptah），其母是一个叙利亚女人。托斯莱特最初为西普塔摄政，西普塔死后，她便独揽大权，直到去世。

阿蒙神之妻

古埃及新王国时期（约公元前1550～前1070年），第十八王朝创立者阿赫摩斯（Ahmose）的妻子，拥有"至尊王妻"名号的阿赫摩斯–奈芙塔芮（Ahmose-Nefertari），被授予"阿蒙神之妻"（'God's Wife of Amun'）的尊号，从此，古埃及女性就有了一个新的角色。不过，这一角色在第十八王朝中期的哈特谢普苏特当政期间被废止，但到了第十九王朝又得以恢复，且一直延续到第三中间期（约公元前1070～前656年）。这样做的目的是确保权力始终掌握在王室家族而不受外来势力的挑战。承担这一角色的女性通常都享有国王才拥有的特权，例如被赋予狮身人面的形象、由女神哺育，以及接受阿蒙神赋予的生命，等等。[2]

征服埃及并建立第二十五王朝后，努比亚的国王们仍保留了这个传统，他们先后安排自己的女儿或姐妹承担起这一角色。克什台是第一个这样做的努比亚国王，他任命自己的女儿阿蒙内蒂斯一世（Amenirdis Ⅰ）为阿蒙神之妻，于是自己也顺理成章地成了阿蒙神的捍卫者。很明显，阿蒙内蒂斯一世很善于迎合底比斯的贵族们，所以当皮耶第二次进军埃及时，他很顺利地通过了底比斯地区。[3] 为确立其地位的合法性，阿蒙内蒂斯一世为其前任——奥索肯三世（Osorkon Ⅲ，在位时间：约公元前 787～前 759 年）的女儿舍佩韦普特一世（Shepenwepet Ⅰ）修建的小祭拜堂里增添了一些内容，以示她们二人共同为阿蒙、穆特和伊西斯奉献祭品并接受他们的馈赠。后来，她的职位由其侄女、皮耶的女儿舍佩韦普特接任。为了确立自己的合法性，舍佩韦普特在麦迪内特哈布（Medinet Habu）新建了一座小礼拜堂，里面的浮雕上展现她为姑姑举行葬礼的场景。[4] 舍佩韦普特的继任者是塔哈卡的女儿阿蒙内蒂斯二世，她也是担当这一职位的最后一个努比亚公主。值得注意的是，与那些嫁入埃及的努比亚女性一样，这些神之妻也放弃了自己的努比亚名字而采用了古埃及名字。

两代神之妻的权力交接是以收养形式完成的，这样便可以确保前任的财产和地位完整地传承给下一代。最高统治者变更时，如第二十五王朝和第二十六王朝建立的时候，现任神之妻必须收养新任统治者的女儿或姐妹为其合法继承人，以确保新统治家族能够完全掌控这一拥有巨大权力的职位，也就是说他们控制了整个底巴恩地区。第二十六王朝修建的纳托克里斯（Nitocris）承继碑和安卡尼丝内佛瑞布丽（Ankhnesneferibre）承继碑上都有财产移交及就职庆典的相关记述。

特别值得注意的是，那些承担神之妻角色的女性们不仅拥有巨大的权力，而且还充分彰显着她们的女性本色。[5] 这些女性是否独身仍是学者们争论的一个话题，她们是否能结婚，目前尚不清楚，但这些人都很长寿则说明她们未曾生育过。另外，这些女性拥有巨大的权力和影响力，一旦有了自己的血脉自然就会对国王构成威胁，因此国王们很可能会对此加以限制。[6]

努比亚早期的权力女性

科玛时期（约公元前 2500～前 1450 年）的努比亚见证了一个强大王国的崛起，由于那时努比亚人尚无文字，因此我们无从了解当时的国王和王后的名字。KX 古墓群属于科玛古典时期，其中的 K1053 号[7]墓主人很可能就是一个科玛权力女性。该墓的形制属努比亚传统风格，遗体被安放在一个嵌入式尸床上，周围有大量外来或当地产的随葬品。她全身装饰着各种珠宝，头戴银饰，身穿皮革裙子，腰上缠着用细绳串起来的银珠。[8] 贵重的服饰和随葬品表明，这是一位身份高贵的科玛女性，很可能是一位女祭司，抑或是王室家族的成员。

纳帕塔时期到来之前曾有一个叫作卡提马洛或卡瑞玛罗（Karimalo）的女人。在一处铭刻文字上，她被称作"国王之妻"或"国王之女"，因当时还处在努比亚历史的早期阶段，所以她的具体情况难以知晓。供奉德得温（Dedwen）和森沃斯莱特三世的神庙位于塞姆纳，该庙的南侧墙上就有涉及她的铭文，不过这也是到目前为止她曾存在过的唯一证据。除文字之外，铭文左侧还有一幅画，画中有一个女性，她面向左侧，身着古埃及妇女或女神典型的紧身衣，佩戴一个宽大的项圈，头上戴着牛角头饰。铭文上将她称作女神伊西斯。她的右手拿着一束花，左手拿着安可架。另有一个女人在她对面站着，在紧身衣之外套了一件披风。这种装束使人联想到新王国后期拉美西德时期的王后，或者说这是纳帕塔王后所穿披风的原形。她的首饰非常简单：一个宽大的项圈、一对耳环，上臂有一对臂环。画面上的她头上戴着通常是古埃及王后才佩戴的秃鹫头冠，上方是阿蒙神的羽翎和一轮太阳，背后是飘带。然而她并没戴古埃及王后常戴的精致长假发，而是留着努比亚妇女卷曲的短发。她的上方是女神内可贝特飞翔

的秃鹫形象，这是王后的保护神。她的左手持一个象征王权的连枷，右手似乎是一把匕首。她的前方是一处铭文，铭文中她将自己描述成"上埃及和下埃及国王的伟大妻子和国王的女儿"。她的后面有一个很小的女性形象，同样留着努比亚式短发，身着埃及紧身装，右手持一面镜子，左手拿着一片织物，很可能是头巾，此人很可能是一位公主。[9] 碑文一开始记述的是一个自称"陛下"和"法老"的人（没标明具体姓名）[10] 在位的第14年冬季第二个月的第九天，敌人向他进攻的情况，并且请求卡提马洛的帮助。卡提马洛名字的后面被冠以通常使用的"功德圆满"一词，说明这段文字是在她死后刻上去的。国王向她求助很可能是想借她的法力夺取胜利，这与古埃及人写信向死者寻求帮助的做法如出一辙。

根据古埃及晚期的语法结构以及里面所含的一些古埃及通俗文字和当地土语判断，这段碑文可能出自努比亚历史上所谓的"黑暗时期"，即古埃及的第三中间期（第二十一至第二十四或二十五王朝）。[11] 据推断，这个女人很可能是古埃及第二十一王朝国王希亚门（Siamun，在位时间：约公元前978～前959年）的妻子。[12]

然而，这也意味着她所处的时期要比公元前8世纪后半叶其继任者们所处的时期要早得多。她的名字在麦罗埃语中是"好妇人"的意思，说明她来自南方的麦罗埃，这与克什台（在位时间：约公元前760～前747年）率部向北进军埃及时努比亚人加入这段历史相符。[13] 从她的名字可以看出她有王室血统，但至于是后来标榜自己为"上埃及和下埃及之王"的库施国王家族，还是下努比亚国王家族，我们还不能确定。[14] 因此，更大的可能是，她是某个努比亚统治者的女儿或王后，而不是古埃及国王的王后。

加冕典礼上的纳帕塔权力女性

努比亚王室女性，特别是国王的母亲和姐妹在王位合法性的问题上发挥着重要作用。在纳帕塔社会中，国王母亲的角色是由她与儿子的关系来定义的，这很类似于伊西斯与她的儿子何露斯。国王的母亲与妻子总会出现在加冕典礼上。另外，尊重家庭中女性成员是国王应有的义务，他们经常在各种纪念碑上赞美自己的母亲和姐妹。要想成为合法的国王，他必须是某位国王姐妹的儿子。而要进一步强化自己的王位，只要可能，国王们就会把自己的母系血统与纳帕塔王朝建立者阿拉若的姐姐帕巴特玛（Pebatma）联系在一起。考虑到对母系血统的这种重视程度，有些学者认为努比亚采用的是母系继承制度，但基于现有证据，我们既无法确认也无法否认这种观点。

在加冕典礼上，国王的母亲负责摇动叉铃（古埃及祭祀女神伊希斯所用），这充分彰显了国王母亲的重要作用。为阿蒙神祭酒、水、牛奶等也都由王室女性负责。根据古

埃及传统，为神祭酒是国王的特权，因此努比亚人的图案中出现的女性祭酒情景的确引人注目。仪式中最早由王室女性承担这个角色的情况出现在古埃及第二十五王朝时期，可能就是从那时起她们接过了这一责任。

从加冕纪念碑顶部的弧形雕刻上可以看到王室女性在现场的情景，她们有的手摇叉铃，有的奉献酒祭，这些人出现在加冕典礼现场既不是为了点缀也不是偶尔为之。母亲参与加冕典礼活动是因为努比亚人借鉴了古埃及神话中伊西斯和何露斯的故事，但就古埃及人而言，国王的合法性并不依赖于母亲是否参加了加冕典礼。

阿斯帕尔塔因年幼不能亲政，于是他的母亲纳萨尔撒（Nasalsa）王后临朝摄政。阿斯帕尔塔专门为哈里乌特（Khaliut）王子（皮耶的一个死去的儿子，同时也是阿斯帕尔塔的亲戚）立了一块碑，上面提到，国王和母亲一起坐在御座上，"上、下埃及之王和母亲一起端坐在御座上，就像这两片土地上的伊西斯和她的儿子何露斯一样，愿太后长命百岁。"[15] 在阿斯帕尔塔的登基纪念碑（见图40）上就有其母纳萨尔撒在阿蒙神、穆特和自己儿子面前双手摇动叉铃的图案。值得注意的是，母亲的面部及其身体周围的椭圆形花纹及母亲族系周围的椭圆形花纹都被擦掉了。这或许意味着有人不认可其母系血统，打算另立国王。[16]

国王母亲和国王一起踏上加冕之旅，她向阿蒙神请求

图 40　位于捷贝尔巴卡尔的阿蒙神庙中的阿斯帕尔塔登基纪念碑

把王位授予自己的儿子。塔哈卡加冕时，母亲陪他到孟菲斯，而安拉玛尼和伊瑞克 – 阿蒙诺特的母亲则陪着他们去了纳帕塔。

加冕典礼完成后，国王母亲为儿子成功即位庆贺一番。塔哈卡和安拉玛尼都曾描述了母亲在看到儿子成功登上国王宝座时兴高采烈的情景：

> 看到我接受王冠、头戴蛇神标志，然后端坐在何露斯的王座（孟菲斯）上，她（塔哈卡的母亲阿巴，abar）欣喜若狂，……恰如伊西斯看到儿子何露斯坐在俄塞里斯的宝座那样。[17]

看儿子像何露斯那样器宇轩昂地坐在宝座上，

147

她（安拉玛尼的母亲纳萨尔撒，Nasalsa）喜笑颜开，就像伊西斯看着儿子何露斯那样。[18]

纳帕塔时期已知的唯一可能登上权利顶峰的女性是纳斯塔森的遗孀——萨赫迈克（Sakhmakh）。她的纪念碑位于捷贝尔巴卡尔，碑上将她称为"王"，由于碑文的其他部分很难辨认，所以很难确定上面提到的"王"的真正含义是什么。

第二十五王朝以及纳帕塔时期的王室女性均葬于艾尔－库鲁和努里的王室墓园。在艾尔－库鲁的王室墓园，她们的墓一般都在国王墓的南侧或北侧。由于只有一些零星铭文，这些女性的身份及地位尚不清楚。在努里的王室墓园，女性成员一般葬在西侧，根据现存铭文推测，国王母亲的墓都属于规模最大的一类。

至于政治生活中位高权重的女性，同一时期的亚述文献中也有相关记载。艾达德·尼拉里三世（Adad-Nirari Ⅲ，在位时间：约公元前811～前783年）的母亲萨姆拉玛特（Sammuramat）和以撒哈顿（Esarhaddon，在位时间：约公元前681～前669年）的母亲扎库图（Zakûtu）不仅活跃在政治舞台上，而且还能对朝政施加影响，即便自己的儿子不在王位继承人名单里，也让他们成为国王。[19]

麦罗埃的"坎迪斯"

公元前1世纪和公元1世纪,麦罗埃出现了几个位高权重的强势女性,她们被称为"坎迪斯"(kandake)。"坎迪斯"是人们专门称呼现任国王的姐妹和未来国王母亲的称谓,说明在麦罗埃社会,母系血统仍在发挥着举足轻重的作用。此外,有3个女性享有"考尔"(qore)的称号,通常情况下这是国王专有的称号,说明这几位女性独揽大权、至高无上。在神庙的庙门上,时常有她们和丈夫一起打败敌人的场面(见图41)。另外,她们还会承担起国王的一些责任,如主持宗教仪式等。

图41 纳伽狮神庙的壁画上的阿曼尼托正在痛击敌人的场面

对麦罗埃王后的记述主要来自一些古代典籍。其中有一则亚历山大大帝时期的故事，里面提到亚历山大与麦罗埃王后书信往来并到努比亚拜访她的情况。亚历山大对拜会她的想法兴奋不已：

> 她在整个国家和希腊闻名遐迩，他很想见到她……她是王后瑟米拉米斯（Semiramis）的后裔，正统治着这个城市；她正值青春年华，美丽异常。亚历山大在给她的信中说："亚历山大国王问候麦罗埃王后坎迪斯及其臣下"……来麦罗埃的途中，高耸的山脉、峻峭的岩石，以及枝繁叶茂、挂满果实的树木让他惊叹不已。虽然与希腊不同，但这些却是努比亚的独特美景。[20]

我们无法确定亚历山大是否真的到访过麦罗埃，但"坎迪斯"的名号确已为外国统治者知晓。经过不断演化，这个名字最终成了今天的人名——"坎蒂斯"（Candice）。

到访努比亚的古希腊人和古罗马人都知道这是一个重要的称谓。公元前3世纪的古希腊诗人索罗伊的彼翁（bion of Soloi）就曾提到"努比亚人将国王的母亲称作坎迪斯……'他们不说谁是国王的父亲，而是按照传统，把国王视为太阳（可能是指阿蒙）之子'"。[21]

已知的第一个登上王位的麦罗埃女性是莎纳达克托

（公元前1世纪上半叶）[22]。人们并未用"考尔"这个通常对掌握最高权力女性的称谓，但她被葬在麦罗埃国王的墓地——北墓园。其金字塔旁的祭庙内有一幅画，显示的是一个王子和她站在一起，王子手里托着从她的头饰上垂落下来的飘带，而这正是加冕典礼上的一个场面。

经历了3个国王以后，努比亚又出现了一个女性统治者——纳韦德马克（Nawidemak），[23] 不过她给自己冠以"考尔"的称号，而非"坎迪斯"。关于她的统治，我们所知甚少，也不知道她为什么不选择葬在麦罗埃，而是像她的两个前任一样，在纳帕塔为自己修建了金字塔。

阿曼尼热纳斯（公元前1世纪的后期）同时享有"坎迪斯"和"考尔"两个称号，这表明她是一个执政的女性，她很可能是国王特瑞特卡斯的妻子，因为她的形象曾出现在这位国王的石碑上。根据斯特拉博的描述，公元前25年，努比亚军队曾在"独眼坎迪斯"的带领下，突袭并劫掠了位于第一瀑布地区罗马人控制的城镇菲莱、赛伊尼和象岛。有人认为，那个在麦罗埃与罗马人的战役中与C.彼得罗纽斯（C. Petronius）对阵的独眼统帅就是阿曼尼热纳斯。专家们在哈马达布（Hamadab）发现了麦罗埃时期纪念阿曼尼热纳斯和王子阿克尼达德（Akinidad）的石碑，上面可以看到"Arme and Qus"（"罗马和库施"）的字样[24]，因此可以推断，石碑上记录的就是这场冲突。这次战役中最著名的战利品是奥古斯都的青铜头像（见图42），它

图 42 奥古斯都的青铜头像

被埋在通向麦罗埃神庙 M292 的阶梯之下，并且被象征性地上下颠倒，任何人在进出神庙时都可以脚踏罗马统治者的脑袋。阿曼尼热纳斯也没有葬在麦罗埃，而是选择了纳帕塔。

阿玛尼莎赫特的统治时期是在公元前后的世纪之交，她以前可能是特瑞特卡斯国王的另一位妻子。作为王储（pqr）的阿克尼达德[25]不知什么缘故未登上王位，最终掌权的却是阿玛尼莎赫特。阿玛尼莎赫特在瓦德班纳伽修建了一座长达 61 米的泥砖结构巨大宫殿，里面共有 45 个房间，大多是方方正正的库房。宫殿的内部有一块牌匾，上面刻着阿玛尼莎赫特的名字，正是这块牌匾，该宫殿才被确定为阿玛尼莎赫特所建。

宫殿的主入口位于南侧，中心的大门通向一个拥有6根石柱的多柱式大厅，大厅的左右两侧有4个通向库房的门，库房内有陶器、一个小型祭坛、一些石狮和陶制的鹰。大厅北侧另有一个通向前厅的门。第一层原来有5个门，其中3个是服务人员出入口，另外2个可能是正门。建筑的东侧有一个坡道，在建筑外的延伸长度达21米，可以通向建筑的第二层。

建筑的第二层已不复存在，但从第一层发现的线索也可以推测出它的一些特征。根据第一层的承重石柱推断，第二层本来也是有石柱的。第二层的墙壁上想必也曾有豪华彩陶和石头装饰，除王后的形象外，还有动物、植物等题材。[26]

这座宫殿是保存最好的麦罗埃时期的王室住所，但现在也只能依稀辨认出第一层的建筑结构。所有房间和廊道加在一起总计60个，其中仅有5个房间可以确定为贮藏室。[27] 在其中一个贮藏室内，发掘人员发现了一些象牙和厚木板，这里可能是为王室作坊提供象牙和乌木等原材料的地方。在土层的中间位置发掘出一个依旧闪闪发亮的球形黑色花瓶。在另外几个贮藏室也发现了一些类似物品，而且数量也较多。

努比亚长期以来都是盛产黄金的地方。意大利医师朱塞佩·费利尼（Giuseppe Ferlini）在19世纪时曾是埃及军队的军医，他获准在喀土穆北部"挖掘"这些财富。[28] 他与居住在喀土穆的阿尔巴尼亚商人安东尼奥·斯特凡尼（Antonio Stefani）结伴，先是经过长途旅行到了纳伽和瓦德班纳伽，在一无所获的情况下又于1834年来到麦罗埃。他们在那儿发现了一处散落着几处金字塔的地方，于是集中精力寻宝。在接连打开好几座墓葬都一无所获的情况下，他开始"挖掘"北墓园中最大的墓葬之一，即巴伽拉维亚（Begarawiya）北6号（Beg. N. 6），这里是阿玛尼莎赫特王后的墓。费利尼和他的助手们一块一块将金字塔上的石头拆掉，直至祭庙的高度。尽管很失望，但他们并没丧失信心。随后，他辞掉了工人，自己开始秘密在祭庙周围挖掘。他先是挖到了一堵墙，然后在墙后的墓室里发现了大批珍宝（见图43）。在努比亚已出土的宝藏中，这里发现的是最珍贵的一批。返回欧洲后，费利尼将部分珠宝出售给了巴伐利亚国王路德维希一世（Ludwig Ⅰ，这批珠宝后来被捐赠给了慕尼黑的埃及艺术国家收藏馆，Staatliche Sammlung für Kunst in Munich），剩下的部分被柏林的埃及博物馆（Ägyptisches Museum）收藏。

1世纪中叶，阿曼尼托与丈夫纳塔卡玛尼共同执政。这一时期，全国上下大兴土木，新建、重建了许多神庙。

麦罗埃的"坎迪斯"

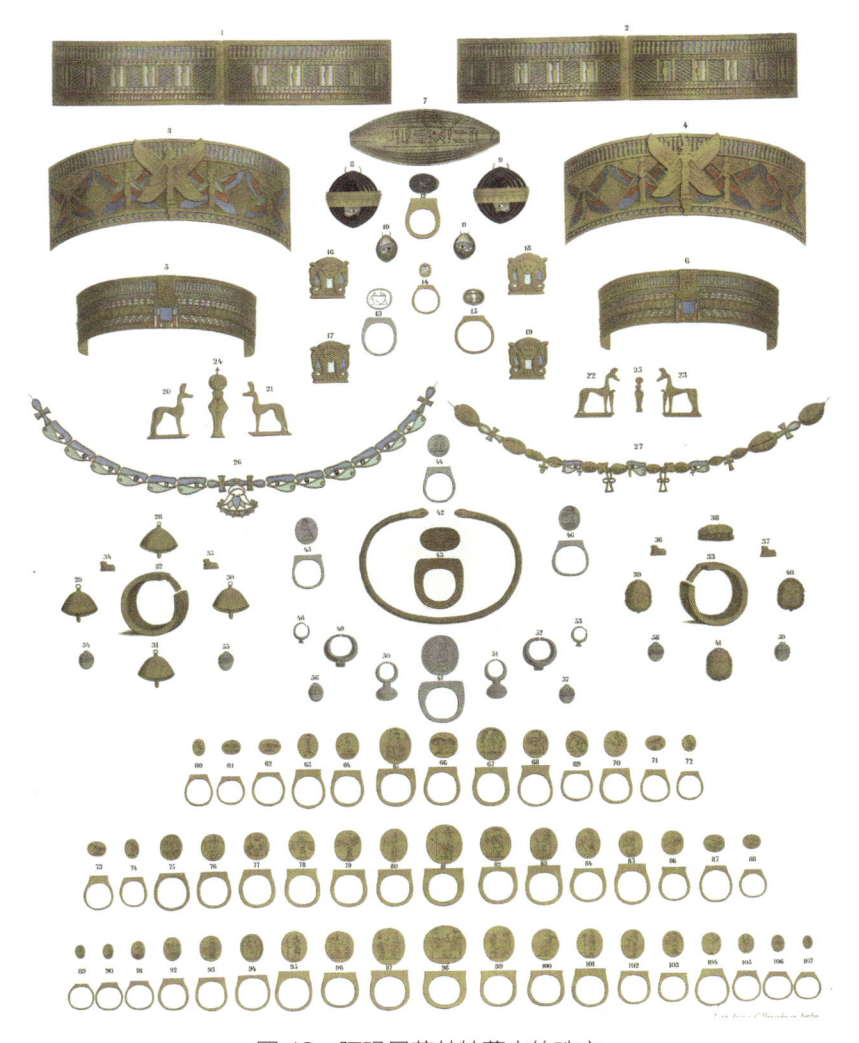

图 43　阿玛尼莎赫特墓中的珠宝

当时，宫殿的装饰也开始追求新时尚，大量借鉴了地中海地区的风格和图案。最引人注目的现象是，麦罗埃文字开始取代古埃及文字出现在各种碑刻上。[29]

155

艺术形象

努比亚艺术中妇女的形象不同于古埃及艺术。古埃及人刻画的女性或人形女神一般都穿着紧身衣，身材娇小、柔顺。王室女性一般都头戴鹰冠，以便让人将她与女神内可贝特或穆特联系起来。新王国时期，王室女性的头上还装饰有牛角和太阳轮，以此强调自己与哈索尔的联系。底比斯的阿蒙神之妻身穿紧身衣，头上戴着长长的假发，仍沿用着与古埃及王后相似的形象。另外，她们也经常被描绘成头戴鹰冠、冠上饰有阿蒙神的那种长长的羽翎和太阳轮。

纳帕塔王后的形象则融入了许多努比亚风格和元素，比如她们常常穿一件柔滑的长披风，披风上一般都有流苏。披风有时搭在一侧肩上，有时也会搭在两侧肩上。披风通常系在肩部，背后垂着一条动物尾巴，可能是狐狸尾巴，披风的下面是一件短装。[30] 不同于戴假发的古埃及王后，她们的头上是努比亚妇女中常见的致密卷发。另外，她们也并不像古埃及王后那样经常头戴鹰冠，她们一般会戴上一顶王冠，前额处是莲花或蛇神标志。她们有时也会戴一副公牛角头饰，上面有一轮太阳和高高的羽翎。

不同于古埃及和纳帕塔王后那种优雅、纤弱的形象，麦罗埃的"坎迪斯"或"考尔"通常被描绘得更为强壮。她们的臀部、大腿和胸部更突出，进一步彰显了这些女人的强势地位。她们穿着与丈夫类似的服装，在一件很长的内装之外套上一袭配有流苏的带褶披风，另外还会从肩部垂下一条绶带。王后有时也穿着皮革服装，她们通常佩戴许多装饰，有时脚上还会穿着拖鞋。

时至今日人们仍能感受到"坎迪斯"的传统。在2018～2019年苏丹民众要求民主的游行队伍中，不同年龄段和背景的女性占70%左右，发挥了非常重要的作用。她们对当局的性别歧视以及伊斯兰教的严苛教法表达了不满，其中一位名叫阿拉·萨拉赫（Alaa Salah）、在苏丹国际大学学习工程与建筑的22岁女学生被人冠以"坎迪萨"（Kandaka）的称号。[31] 在当时网络上疯传的一幅照片中，她穿一件苏丹女性传统服装，却不是通常的花花绿绿的样式，而是白颜色的。一时间，身穿这种白色传统服装成了妇女活跃分子的标志，萨拉赫本人也成为示威者的重要代表人物，不禁使人联想起苏丹历史上的那些伟大女性。

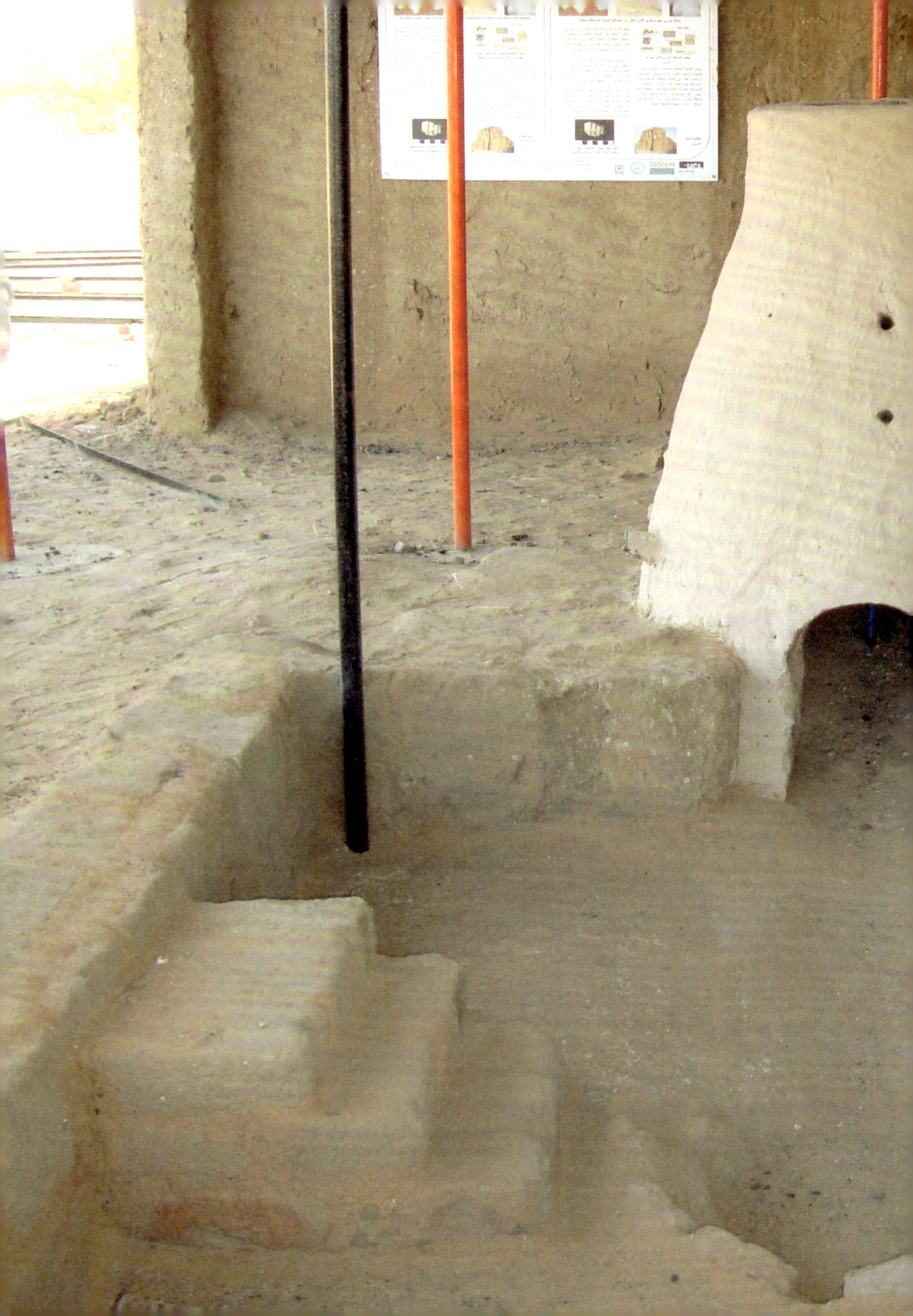
SUDAN
UCL

进入铁器
时代

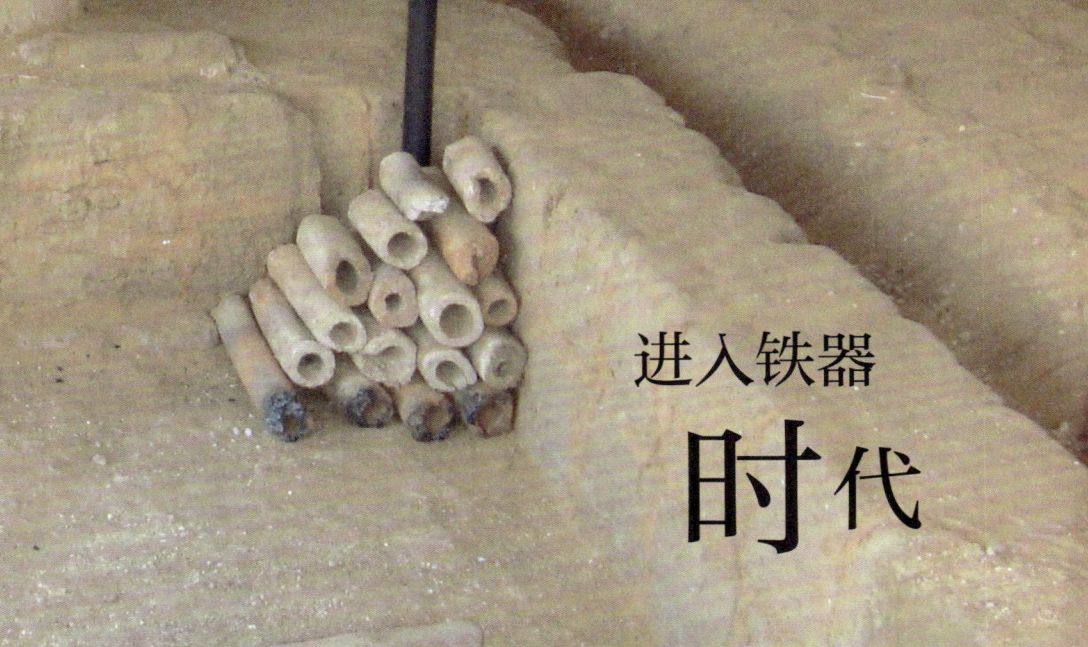

纳帕塔和麦罗埃的经济高度依赖贸易活动。这里的农业规模远不及古埃及，但像纳帕塔和麦罗埃这样的大都市需要足够的粮食来养活其庞大的非农业人口，包括冶铁匠人、泥瓦匠、制陶工人和其他手艺人等；另外修建神庙、陵墓、宫殿等要雇用劳力，这也需要粮食。多余的粮食不适合长期贮存，因此努比亚的经济也许并不像古埃及那样集中。相反地，麦罗埃——可能也包括纳帕塔在内——是由小农户构成的，这些人对国家不缴纳什么贡赋，当然也就不能指望国家在其农业生产上给予什么支持了。

得益于贸易的繁荣，麦罗埃王室和贵族的墓中通常都有大量贵重的随葬品，而平民的墓葬则十分寒酸。但北部省份的情况有所不同，特别是在卡斯尔伊布利姆（Qasr Ibrim），那里地处第一与第二瀑布之间，也就是现代埃及南部的法拉斯以北的地区。

公元1世纪早期，来自南方的麦罗埃人将棉花引入卡斯尔伊布利姆，[1] 随后纺织业在这里逐渐发展壮大起来，所生产的棉织品除在本地使用外还销往埃及。在巴拉那、古斯图尔、捷贝尔阿达（Jebel Adda）以及卡斯尔伊布利姆等地发现的最早期的棉织品残片可追溯到大约1世纪的罗马占领时代，但现存的大部分残片在时间上与后来的麦罗埃兴盛时期一致，这段时间是在公元200～300年。[2] 麦罗埃帝国垮台后，棉花在纺织业中逐渐被毛绒（主要是驼毛）所取代。后麦罗埃时期（约公元350～550年），毛绒织品在巴拉那和古斯图尔的纺织品中占比达到93%，在捷贝尔阿达则达到90%。之所以发生这种变化，可能是麦罗埃政权垮台后那里的人口与文化发生了变化，转而使下努比亚地区主要依赖纺织品出口的经济遭受了重创。

在阿克苏姆，人们发现了一块以扎纳国王（在位时间：约公元330～370年）的石碑，上面记载了他与诺巴（noba）人之间的一场战争。根据碑文描述，他彻底摧毁了麦罗埃，他和手下的士兵"捣毁了神庙里的雕像、仓库中的食物，以及棉花树，并把它们统统投入尼罗河中。"[3] 由此我们可以认为，麦罗埃地区不仅种植棉花，而且还将棉花运至下努比亚地区进行加工生产。此外，上努比亚地区位于降雨带，那里的自然环境更适合棉花生长。当然，在下努比亚地区，卡斯尔伊布利姆对面、位于戴尔与托施卡之间的阿尼拔也可能会利用水车提水灌溉，进行棉花种植。[4] 遗憾的是，由于缺乏更多考古证据，再加上我们无法确定卡斯尔伊布利姆纺织业的棉花来源，我们无从知晓

努比亚棉纺业的真实情况。

墓葬中之所以能发现大量奢侈随葬品很可能是因为这里曾有一个十分发达的生产中心。[5] 阿夸玛尼（Arqamani）统治期间（约公元前 248～前 220 年），下努比亚地区和古埃及托勒密王朝之间的贸易往来进一步加强。可能的情况是，自从与托勒密王朝发生接触后，罗马帝国的经济和商业网络开始延伸至努比亚，但这一地区在政治上仍归属麦罗埃王朝。[6]

努比亚的金属加工业

早期的金属加工主要是制作铜制武器、工具和首饰等物品。铜器早在古埃及前王朝时期（Predynastic Egypt，约公元前 5300～前 3000 年）已得到广泛使用，到了前王朝末期，铜制品通过商路来到努比亚。在公元前 1000 年里，铜器制作在西非也逐渐发展起来。

铜的质地较软、易于成型，因此便于制成多种饰物。尽管有这样的优点，但人们也不得不经常重塑铜制工具的形状以满足使用要求。也正因为如此，人们还要寻找一种新的、质地更硬的金属。后来，人们发现把铜和锌混合后能生成青铜，于是就用这种材料制作更坚硬的工具和武器。

作为深受欢迎的商品，金属可以用来交换其他原材料。在新王国时期，古埃及开始与地中海沿岸和非洲北部地区进行青铜制品贸易。

在撒哈拉以南的非洲地区，铁器取代青铜器的时间要早于努比亚的麦罗埃时期。在安纳托利亚（地区），赫梯人大约在公元前1500年时就有了铁器加工技术，而在埃及，我们可以看到公元前1000年左右来自其他地区的铁制品。亚述人使用的铁制武器优于古埃及人的青铜武器，这或许是古埃及人被打败的原因。

麦罗埃的冶铁业和铁器加工

有证据表明，在麦罗埃的都城，铁器工业已经颇具规模，因此这里可能也是该地区最早的铁器加工点之一。如今，在通向王城的入口外仍有大量炉渣、熔炉、木炭以及矿石的遗存。对于麦罗埃的大量冶铁遗迹，早期的考古学家写道：

> 城市的北部和东部被堆积如山的铁炉渣（见图44）包围，人们在挖掘中发现了好几处炼铁熔炉。可以想象，从熔炉冒出的烟柱曾直冲云霄。麦罗埃实际上就是古代非洲的伯明翰，它为非洲北部地区提供了各种铁制器具。当古埃及人还在使用铜或青铜时，埃塞俄比亚人（努比亚人）已经在使用铁器了。[7]

图44　麦罗埃的铁炉渣

炼铁最大的难点之一是需要大量木材生产木炭以供熔炉使用，因此像埃及等木材不太富集的地区要想发展这种产业是很困难的。麦罗埃东侧有一些富含铁矿石的小山，而且该地区自古以来就生长着茂盛的金合欢树，因此是一处发展制铁业的理想地点。在这里，最早的冶铁遗迹（见图45）可以追溯到纳帕塔时期，而且在此后的1000多年里一直都在延续。[8]

麦罗埃人使用的是熟铁吹炼工艺，也就是利用炉内燃烧的木炭提供热量。[9]熔炉为圆顶，用烧制后的砖块砌成，炉子四周有6组风箱，通过2个风口将空气吹入炉内。这种熔炉很可能是公元1世纪麦罗埃与罗马交往过程中引入

进入铁器时代

图 45　麦罗埃的冶铁炉

努比亚的，[10] 炉内温度可以达到 1200℃，这一过程中产生的炉渣能将铁颗粒带走，以防止其再次氧化。[11] 这种炼炉生产出的是海绵铁，还需再经过锻造加工。围绕着冶铁这

165

一产业链条，有人在山上开采矿石、有人生产木炭，另外还需要熟练的技术工人进行冶炼，从而为当地的大量人口提供了就业机会。

在都城外，炉渣和其他废弃物堆积如山。根据麦罗埃遗址发现的炉渣量来估算，在长达500年的时间里，此地每年能生产5～20吨铁制品。[12]制铁业的发展使生产更先进的武器，特别是铁制箭镞的生产成为可能，这些新武器不仅在保卫边疆中发挥了重要作用，而且还推动了麦罗埃时期国王们的尚武精神的发展。

近年来在考古发掘中还发现了一些用于金属加工的熔炉。前麦罗埃时期有关铁器发现的记录几乎没有，但在努里地区的部分金字塔里人们发现了铁制基座。[13]尽管如此，大规模铁器生产仍出现在此后的历史时期。[14]在发现的器物中很多都具有实用价值，然而人们在麦罗埃发现的铁制品很少，这意味着当某一器物一旦被认为不再拥有使用价值时，就会被重新回炉制成新产品，要么就是那些实用性器物被输往了外地。在麦罗埃晚期，带有铁头的箭矢和长矛作为随葬品是一种非常普遍的现象。铁器制作在麦罗埃经济中也发挥着重要作用，它与黄金、象牙、鸵鸟羽毛，以及其他一些具有非洲特色的产品一样都大量出口。

铁器作坊一般都在宫殿或神庙附近，说明王室对这项活动进行了严格管控。麦罗埃东南部有一座狮神庙就建在炉渣堆成的山丘上。我们之前曾介绍了狮神在王位合法化过程中的重要作用,而在这里,我们也许还可以通过铁器生产把狮神传达的尚武精神与国王的军事力量联系在一起。[15]

铁器生产在西非的传播

撒哈拉以南地区丰富的铁矿石资源为该地区的许多地方发展铁器工业创造了条件。目前我们尚不清楚的是,铁器工业相关的知识和技术究竟是先在麦罗埃发展后再传至非洲其他地区的呢,还是在西非地区独立发展起来的。在临近阿克茹特(Akjoujt)的毛里塔尼亚和阿格德(Agadez)附近的尼日尔都发现了公元前5世纪铜冶炼的一些遗迹,[16]另外,尼日利亚塌鲁伽(Taruga)的铁器制造工业与麦罗埃的铁器制造业处于同一年代。[17]有证据表明,西非和北非之间曾有一些早期文化交流,但没有任何理由认为铁器制造技术的传播也是沿着这一路径进行的。西部非洲的林木茂盛地区为当地居民提供了生产木炭所必需的原材料。因此,早在公元前400年前,这里的铁器制造业就发展起来了,同时也为当地的农业发展和狩猎活动创造了条件。

有关西非地区铁器制造业的最早证据来自诺克人(Nok)。大约公元前1500年时,诺克人开始定居在尼日尔河与贝努埃(Benue)河交汇处的尼日尔地区,他们擅

长陶器制作，能做出非常精致的小型泥陶雕像。专家们在公元前5世纪至公元前3世纪的一些诺克人聚居区发现了熔铁炉的遗迹。我们尚不清楚他们娴熟的制陶技术是否早于其铁器制造技术。不过，大约在公元后不久他们就莫名其妙地消失了。后来，也就是公元1千纪，铁器制造技术开始遍及整个西非地区，并在加纳王国崛起时达到了顶峰。

铁器技术的遗产

库库人（Kuku）居住的卡基奥 – 卡基（Kajo-Kaji）城位于今天南苏丹朱巴（Juba）以南大约150千米处，其语言属于尼罗 – 撒哈拉语系的东尼罗分支，那里早在公元500年时就有了农业和畜牧业。有人认为库库人就是古麦罗埃人的后裔，[18] 他们从14世纪早期开始，分几个波次从麦罗埃向东迁移，穿过西南部的埃塞俄比亚到达今天的厄立特里亚，最终定居在沿南苏丹和乌干达边界的卡基奥 – 卡基。

库库人在掌握铁器加工技术之前主要使用的是铁木，这是一种常见于撒哈拉以南地区的硬木。发轫于18世纪的铁器加工技术是库库人最令人感兴趣的文化传统之一。和古代社会一样，库库人制作的铁器注重实用，其产品包括农具、箭镞、矛刺，以及刀具、斧子等。库库人的长者宣称他们的铁器制作工艺传承自塞古（Sagu）神，从中我们似乎可以看到麦罗埃铁器技术及狮神的影子。[19]

不幸的是，南苏丹发生的几次战争（1955～1972年，1983～2005年）之后，许多库库人流离失所，在逃往乌干达时，所有照片不是丢失了就是毁于战火：

很遗憾，库库人的铁器工技艺消失了。希望这个饱受战火摧残的国家（南苏丹）恢复永久和平之际，这项传统技艺得以复活。届时，我期盼着铁匠们的后人像自己的祖先那样，把铁器加工当成一种职业。[20]

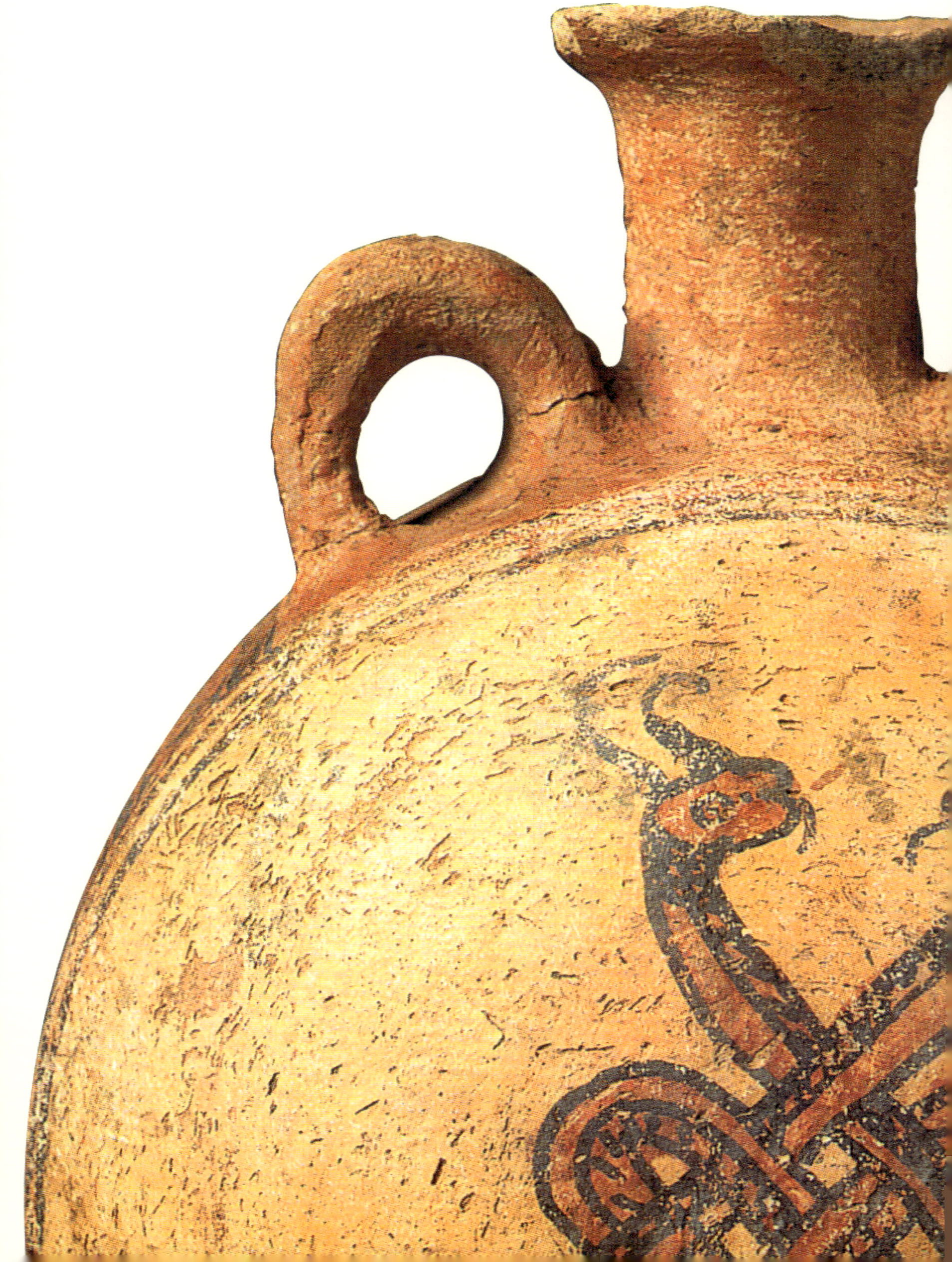

从努比亚
到苏丹

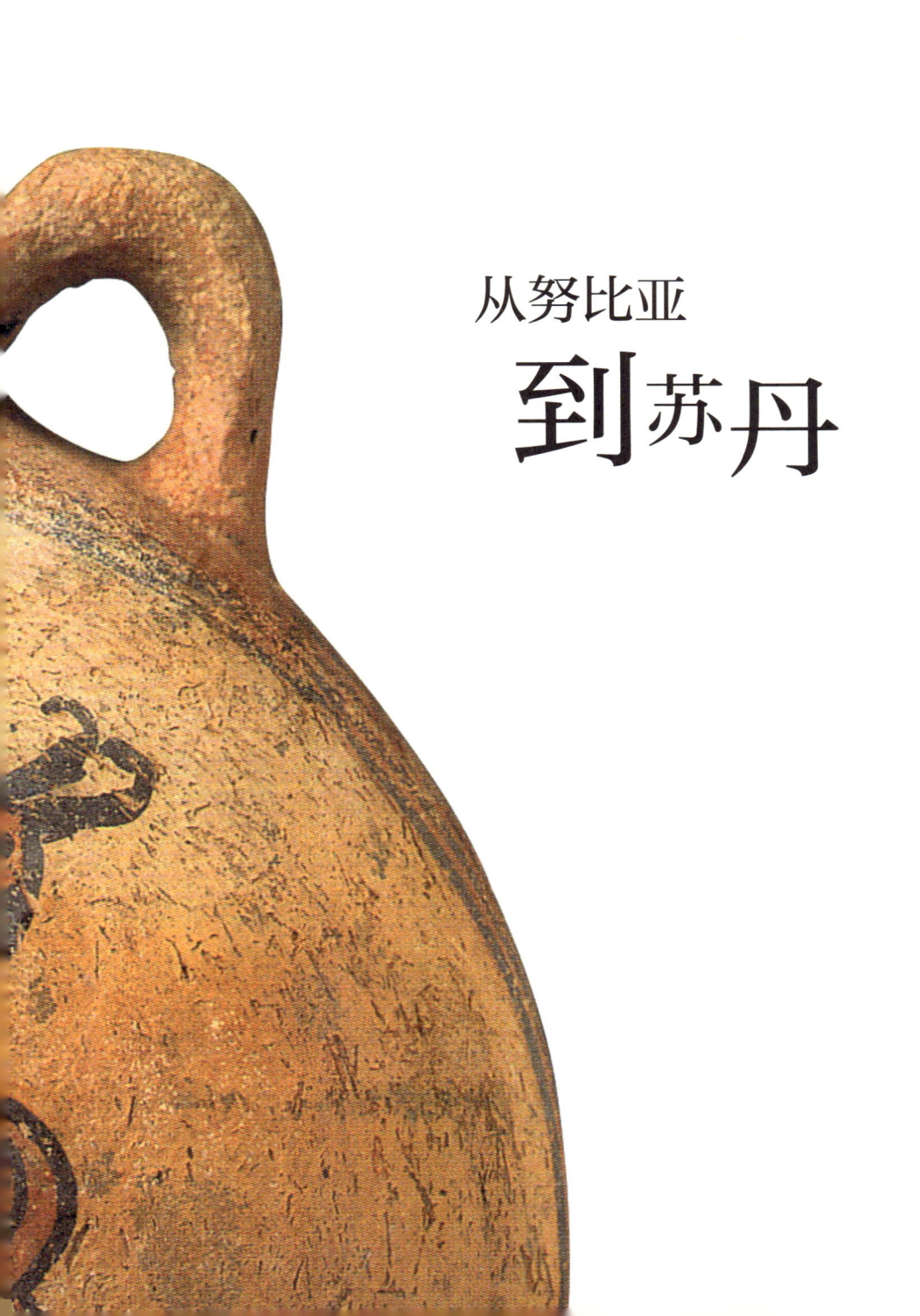

努比亚在麦罗埃时代终结后又回到地方诸侯割据的局面（见图46）。乔治·赖斯纳曾把努比亚的早期历史分为"A群落""B群落"（后被证明并不存在）和"C群落"3个阶段。另外他还发现，麦罗埃时期之后的文化不同于A群落、B群落、C群落时期，因此为了加以区别，同时也为给更早的不同时间段的发现留出空间，他直接跳到字母的最后位置，将这一历史时期命名为"X群落"。

后麦罗埃时期的努比亚

下努比亚的巴拉那和古斯图尔、纳帕塔附近的坦卡希（Tanqasi），以及麦罗埃旁边的艾尔－霍巴基（el-Hobagi）等地先后出现了区域性权力中心。专家们在巴拉那和古斯图尔发现了一些后麦罗埃时期（约公元350~550年）的王室墓葬，其中规模最大的墓直径达77米，高13米。[1]但这种墓的上层结构又回到原来的墓塚形式，也就是一座简单的坟包，里面的尸身呈胎儿姿势被安置在尸床上。和科玛时期一样，王室墓葬中也有用于陪葬的人和动物。随着铁器加工业的出现，后麦罗埃时期的墓葬中除了传统的陶器、青铜器、珠宝及化妆用品等随葬品外还出现了铁制武器和工具。从出土的随葬品还可以看出，上述地区与基督教化的埃及也有接触，例如在巴拉那的一座王陵中就发

从努比亚到苏丹

图46 中世纪的努比亚各王国

现一顶拜占庭式王冠，但上面也结合了一些本地元素，如努比亚神祇、蛇神和公羊头等。一些墓中发现的金属制品非常精致，而陶制品则比较简朴。

努比亚后来出现了3个权力中心，但对这几个小国崛起的情况我们了解的并不多。5世纪末，下努比亚的诺贝提亚（Nobadia，都城在法拉斯）开始兴盛起来，到了6世纪，上努比亚的马库利亚［Makuria，都城为旧栋古拉（Old Dongola）］和阿尔瓦［Alwa，都城为东苏巴（Soba East）］也强盛了起来。诺贝提亚的统治者使用麦罗埃王室的传统标志，而且也崇拜努比亚神明。然而，这时北方地区使用的已经不再是麦罗埃语，取而代之的是希腊语。位于卡拉布沙（Kalabsha）的曼都力斯（Mandulis）神庙里有一段关于哈拉玛多耶（Kharamadoye）的麦罗埃文铭刻，这是已知最长的一段使用麦罗埃文的铭文，其主人公是公元4世纪末或5世纪初下努比亚地区的一个地方统治者。

5世纪中叶，纳巴泰（Nobatai）的统治者西尔科（Silko）征服了布伦米人，之后在卡拉布沙的曼都力斯神庙里用希腊语铭文记载了这次战役的胜利和经过：

> 我，西尔科，努巴蒂斯（Noubades）和埃塞俄比亚之王，我来到塔尔米斯（Talmis，即卡拉布沙）和塔菲斯［Taphis，即塔法（Tafa）］，与布伦米人进行了两次对阵，上苍护佑我获得胜利。第3次对决中

我再次取胜，并控制、占领了他们的城市……作为国王，我无论如何不能屈居人下，而必须超越他人。对那些反对我的人，除非向我乞求，否则绝不允许这类人留在自己的国家。我是下努比亚的一头雄狮，也是上努比亚的一只熊。[2]

后麦罗埃时期，尼罗河第四瀑布区域出现了一个要塞体系，其原因很可能与上努比亚的权力分散局面和地方诸侯的崛起密切相关。在古典作家的描述中，这一地区曾经被不同种族控制，斯特拉博曾经写道："利比亚人占据了尼罗河西岸，河的对面是埃塞俄比亚，为了河中一些小岛以及河岸的归属问题，他们争执不休，一方要么驱逐另一方，要么在对方的强大势力面前委曲求全。"而托勒密的说法却是，该地区在努巴（Nubae）的控制之下。[3]

驻军在要塞附近的沙漠里修建了一些哨所，以便于监视沙漠里和近河区的往来人员，及时发现游牧族群的入侵行动。[4]

基督化的努比亚

6世纪中叶，基督教进入努比亚并快速传播，而当时，埃及、地中海沿岸地区，以及西南亚已经全部基督化。[5]基督教在诺贝提亚、马库利亚以及奥兰蒂亚（Alodia，即阿尔瓦。——译者注）这3个地区的传播是分别进行的。

努比亚基督化的过程最初是由拜占庭王朝和两个互相竞争的基督教教派推动的，其中的一派是持基督两性论的神学家，他们的信仰是基督具有神与人的双重特征；另一个是基督一性论派，他们信奉的是基督只有神性这个单一特征。[6] 皈依基督教的过程是从北而南进行的。君士坦丁堡皇后迪奥多拉（Theodora）派遣基督一性论传教士来到这里，在他们的感化下，诺贝提亚王国首先皈依。马库利亚王国皈依基督教的正式时间尚不清楚，但似乎是在诺贝提亚之后不久。奥兰蒂亚是最后皈依的王国。到了公元580年，基督教已在整个努比亚传播开来，并逐渐成了那里的国教。

到8世纪，诺贝提亚和马库利亚实现了统一并被置于马库利亚的国王统治之下。国王的居住地在旧栋古拉，他任命代理人实施管理，代理人的行政地点先是在法拉斯，后来又转到卡斯尔伊布利姆、捷贝尔阿达和梅纳提（Meinarti）。[7] 尽管在一个国王统治之下，但原本独立的诺贝提亚和马库利亚的世情却不尽相同。诺贝提亚允许埃及商人在本地居住并开展贸易活动，埃及货币也可以流通，但在马库利亚，除王室特许外，外国人并不受欢迎。以物易物的交易方式在马库利亚依然盛行，且贸易活动由王室家族控制。[8] 这一时期，奥兰蒂亚仍保持着独立，除一些小规模冲突外，看来两个王国尚能和平共处。

公元641年，埃及已经转身为伊斯兰教国家。阿拉伯军队进攻马库利亚，但被努比亚弓箭手逐出。这些弓箭手箭术精湛，被入侵的穆斯林称作"眼睛杀手"，绝非浪得虚名。公元652年，基督化的努比亚与伊斯兰化的埃及达成了和平协议，对双方之间的贸易进行了规范。这种局面维持了近600年的时间。根据该协议，阿斯旺与卡斯尔伊布利姆成了贸易中心，来自努比亚的黄金、象牙及奴隶等被用来交换埃及的纺织品、陶器和玻璃。

基督教时期之后的情形大不相同了，而且这种变化来得也很快。基督教时期的墓葬一般都比较简单，通常情况下尸体都用裹尸布包裹起来或者放在棺材里，坟墓一般沿东西方向排列，这些墓葬与早期的坟墓混杂在一起。神职人员的坟墓有时在墙壁上刻有铭文。[9]

与之前不同的是，这一时期的墓葬里已不再有随葬品了，即便有铭文也很少提及家人，这也许表明家族的内部联系已不如早先那么重要了。基督化的努比亚人似乎很看重法律，这一点我们可以从卡斯尔伊布利姆发现的大量法律文书得到印证。

这一时期陆续出现了很多教堂和修道院，一些埃及和努比亚神庙也被改作教堂或修道院。这些教堂与拜占庭帝国、叙利亚-巴勒斯坦、埃及和埃塞俄比亚等地的教堂十分相似，但在修建时，当地人吸收了不同文化的特点并融入了一些本地元素，最终形成了独一无二的努比亚风格。[10]不同于一些完全采用石块的古老神庙，努比亚教堂使用的建筑材料通常

177

都是泥砖和石料。像在埃及一样，在努比亚教堂里举行的各种活动均采用希腊语，而非科普特（古埃及）语。

进入 8 世纪，努比亚人开始用精美的绘画装饰教堂，但除了在法拉斯发现的一些 7～14 世纪的壁画外，其他地方的壁画都已经不复存在。20 世纪 60 年代，在被纳赛尔湖淹没之前，联合国教科文组织在努比亚文化遗产抢救行动中对法拉斯遗址进行了发掘。此次发掘共发现用彩蛋画颜料绘制在泥灰墙上的壁画 169 处，[11] 另外还有大约 750 处铭文，其中有一份包括法拉斯主教姓名和任期的名单，铭文采用的是希腊文、科普特文和古努比亚文。壁画中都是些与基督教相关的主题，如圣母玛利亚与圣婴、十二使徒、基督、大天使、圣乔治和龙等。

基督教时期的陶器起初先是承袭了后麦罗埃时期的简朴风格，但最后又回归到麦罗埃时期那种追求细节的传统，陶器上的图案有几何图形、植物、鸟、鱼、蛇等各类动物（见图 47），另外还有类似安可架的十字架。与宗教有关的文字中绝大部分是祷告文，通常都是用古努比亚语、科普特语、希腊语或上述几种文字混合写成的。[12] 书写文字的流行表明社会上识文断字的人比例较高，这与之前的情形已经大不一样了。

1172 年，萨拉丁（Saladin）推翻了法蒂玛王朝（Fatimid）在埃及的统治，并继续向努比亚北部进军，但以失败告终。阿尔瓦王国在 14 世纪终于土崩瓦解了。1323 年，旧

图 47 在梅纳提发现的基督教时期朝圣者使用的水壶，
上面的图案是两只长角的蛇

栋古拉落入坎兹·伊德-朵拉（Kanz ed-Dawla）之手。[13] 但努比亚仍然保持着独立，不过在 14~16 世纪，努比亚遭受埃及马木路克（Mamluk）统治者和贝都因（Bedouin）人的入侵，领土被不断蚕食。到中世纪末期，努比亚已今非昔比：中央政权解体、基督教也不再是一个有组织的宗教，没有国际贸易，所有艺术传统也不见踪影，[14] 帝国的高光时刻已经一去不复返了。

179

伊斯兰化的努比亚

在苏丹，伊斯兰化是一个渐进过程，到16世纪，芬吉王朝（Funj Sultanate）的崛起使这一进程达到了巅峰。在这一时期，与土耳其帝国的冲突使努比亚丧失了大量疆域，其中也包括第三瀑布地区，土耳其军队占领了塞岛。[15] 在同一时期，伊斯兰教的逊尼派和苏菲教派同时在达尔富尔（Darfur）崛起，前者注重正宗传统和清真寺，而后者则强调穆斯林圣人。[16]

1821年，穆罕默德·阿里·帕夏（Muhammad Ali Pasha）以奥斯曼帝国的名义征服了苏丹。经多年征战，喀土穆于1885正式陷落，穆罕默德·艾哈迈德（Muhammad Ahmed）成了苏丹的马赫迪（Mahdi），但他在占领喀土穆仅6个月后便去世了。19世纪90年代，为了夺取准备修建阿斯旺大坝的地区，英国人推翻了马赫迪势力的统治。英军这次行动的主帅是赫伯特·基钦纳（Herbert Kitchene），他指挥了一系列战斗，于1898年9月2日在恩图曼（Omdurman）战役中取得了最终胜利，随后他在1899年被任命为第一任总督。[17]

1952年的埃及革命为苏丹的独立铺平了道路。1956年1月1日苏丹获得独立，埃及和不列颠的国旗被降下，换上的是获得独立的苏丹的国旗。[18] 然而，独立并不总是意味着和平，一场持续数年的南北方内战使得战火重燃。

2011年1月9日至15日，苏丹举行了一次全民公决投票，以决定苏丹究竟应保持统一还是分成南北两个国家。是年7月9日，南苏丹共和国正式成立。

2011年南苏丹独立后，美国对苏丹实施了数年的经济制裁。石油收入的丧失导致货币大幅贬值，政府取消了对面包和石油的补贴。2018年12月，北苏丹人开始走上喀土穆街头游行示威。示威活动在2019年4月6日达到高峰，而这一天正是1985年推翻国家前独裁者贾法尔·尼迈里（Jaafar Nimeiri）的纪念日。示威者要求已执政30年的奥马尔·阿尔·巴希尔（Omar al-Bashir）下台。2019年4月17日，巴希尔被赶出了总统府并遭逮捕。但遗憾的是，这次行动并没能成就一个民主社会。2021年10月25日，阿卜杜勒·法塔赫·阿尔－布尔汉（Abdel Fattah al-Burhan）将军领导了一次政变，推翻了过渡政府，文职政府总理阿卜杜拉·哈姆多克（Abdalla Hamdok）遭软禁。民众再次上街游行，希望自己心爱的国家保持和平、稳定。11月21日，在沙特阿拉伯、阿拉伯联合酋长国、美国、英国等国家的压力下，军方同意恢复哈姆多克的职务与过渡政府的权力，并释放政治犯。2022年1月2日，哈姆多克辞去总理职务，民众游行再起。

非洲人，包括那些流落在外的非洲人，在我们的群体意识发展过程中产生过重大历史性影响。今天，正在发生的社会变革让我们对上述历史和影响有了更清醒的认识。

在当前的社会环境下，人们对黑人群体的关注不断增强，因此强化与非洲力量和影响之间的联系正在变得越发重要。本书以一种新的方式，在黑人群体及其文化重返世界舞台中央的进程中助一臂之力。黑人的命运从来都是至关重要的，他们对这个世界的影响是永恒的。

注释

消失的国家——努比亚

1 David O'Connor, 'The Locations of Yam and Kush and Their Historical Implications', Journal of the American Research Center in Egypt, xxiii (1986), pp. 27–50; Elmar Edel, 'Inscriften des Alten Reiches xi. Nachtrage zu den Reiseberichten des Hrw-xwif', Zeitschrift für ägyptische Sprache und Altertumskunde, lxxxv (1960), pp. 18–23; Jean Yoyotte, 'Pour une localization du pays de Iam', Bulletin de l'Institut Français d'Archéologie Orientale, lii (1953), pp. 173–8; D. M. Dixon, 'The Land of Yam', Journal of Egyptian Archaeology, xliv (1958), pp. 40–55; Julien Cooper, 'Reconsidering the Location of Yam', Journal of the American Research Center in Egypt, xlviii (2012), p. 21.

2 Julien Cooper, 'Toponymic Strata in Ancient Nubia until the Common Era', Dowato, iv (2017), p. 200.

3 Ibid.

4 Dietrich D. Klemm, Rosemarie Klemm and Andreas Murr, 'Ancient Gold Mining in the Eastern Desert of Egypt and the Nubian Desert of Sudan', in Egypt and Nubia: Gifts of the Desert, ed. Renée Friedman (London, 2002), pp. 215–31.

5 William Y. Adams, 'Ecology and Economy in the Empire of Kush', Zeitschrift für ägyptische Sprache und Altertumskunde, cviii (1981), pp. 1–11 (p. 8).

6 William Y. Adams, Meroitic North and South: A Study in Cultural Contrasts (Berlin, 1976), p. 149; Adams, 'Ecology and Economy', p. 5; Graham Connah, African Civilizations (Cambridge, 1987), p. 62; Derek

A. Welsby, The Kingdom of Kush: The Napatan and Meroitic Empires (London, 1996), pp. 175–6; K. A. Ahmed, 'Economy and Environment in the Empire of Kush', Meroitica, xv (1999), pp. 302–4.

7 John Lewis Burckhardt, Travels in Nubia, 2nd edn (New York, 1978), p. 290.

8 Ibid., p. 307.

9 For the use of natron in temple rituals, see Rosalie A. David, Religious Ritual at Abydos (c. 1300 bc) (Warminster, 1973) and Katherine Eaton, Ancient Egyptian Temple Ritual: Performance, Pattern, and Practice (London, 2013).

10 Bogdon Żurawski, 'Dongola Reach: The Southern Dongola Reach Survey, 1998/1999', Polish Archaeology in the Mediterranean, xi (2000), p. 218. It is uncertain whether the salty deposits at Sonijat were substantial enough to be mined, or if they were simply the result of salinization of the ground. It is to be hoped that further excavation of the temple and its surrounding area will yield additional evidence in these deposits and on their use at Sonijat.

11 Horace Leonard, trans., The Geography of Strabo (Cambridge, ma, 1967), p. 145.

12 Burckhardt, Travels, p. 246.

13 Ibid.

14 W. Paul Van Pelt, 'Revising Egypto-Nubian Relations in New Kingdom Lower Nubia: From Egyptianization to Cultural Entanglement', Cambridge Archaeological Journal, xxiii/3 (2013), pp. 523–50; Michele Buzon, Stuart Tyson Smith and Antonio Simonetti, 'Entanglement and the Formation of the Ancient Nubian Napatan State', American Anthropologist, cxviii/2 (2016), pp. 284–300.

15 Geoff Emberling, 'Ethnicity in Complex Societies: Archaeological Perspectives', Journal of Archaeological Research, v/4 (1997), pp. 295–344; Stuart Tyson Smith, Wretched Kush: Ethnic Identities and Boundaries in Egypt's Nubian Empire (New York, 2003).

16 Buzon, Smith and Simonetti, 'Entanglement', p. 296.
17 Angelika Lohwasser, The Kushite Cemetery of Sanam: A Non-Royal Burial Ground of the Nubian Capital, c. 800-600 b.c. (London, 2010); Michaela Binder, Neal Spencer and Marie Millet, 'Cemetery D at Amara West: The Ramesside Period and Its Aftermath', Sudan and Nubia, xiv (2010), pp. 25–44.
18 Van Pelt, 'Revising Egypto-Nubian Relations', p. 531.

从游牧民到引领者

1 William Y. Adams, Nubia: Corridor to Africa (Princeton, nj, 1977), pp. 109–10; Elena A. A. Garcea, 'The Palaeolithic and Mesolithic', in Sudan Ancient Treasures: Recent Discoveries from the Sudan National Museum, ed. Derek A. Welsby and Julie R. Anderson, exh. cat., British Museum (London, 2004), p. 23.
2 Garcea, 'Palaeolithic and Mesolithic', p. 23; Isabella Caneva, 'The Saggai Region', in Sudan Ancient Treasures, pp. 29–30.
3 Caneva, 'The Saggai Region', p. 29.
4 Adams, Nubia, p. 113; Frederike Jesse, 'The Neolithic', in Sudan Ancient Treasures, p. 37.
5 Marjorie M. Fisher, 'The History of Nubia', in Ancient Nubia: African Kingdoms on the Nile, ed. Marjorie M. Fisher, Peter Lacovara, Salima Ikram and Sue D'Auria (New York and Cairo, 2012), p. 13; Jesse, 'Neolithic', p. 40.
6 Adams, Nubia, p. 110; for a discussion on the development of agriculture during the Neolithic period, see László Török, Between Two Worlds: The Frontier Region between Ancient Nubia and Egypt, 3700 bc–500 ad (Leiden, 2009), pp. 25–6.
7 Jesse, 'Neolithic', p. 39.
8 Adams, Nubia, p. 113.
9 Jesse, 'Neolithic', pp. 37–8; Jacques Reinold, 'Kadruka', in Sudan

Ancient Treasures, p. 46.

10 Fisher, 'History of Nubia', p. 13; Jesse, 'Neolithic', p. 38.

11 Giulia D'Ercole, 'Seventy Years of Pottery Studies in the Archaeology of Mesolithic and Neolithic Sudan', African Archaeological Review, xxxviii (2021), pp. 345–72 (p. 348); Reinold, 'Kadruka', in Sudan Ancient Treasures, pp. 43–4; Lech Krzyżaniak, 'Kadero', in Sudan Ancient Treasures, p. 50.

12 Fisher, 'History of Nubia', p. 13; Jesse, 'Neolithic', p. 40. Stelae were discovered at Kadruka, sacrifices at el-Ghaba and el-Kadada, and bucrania at el-Ghaba, Kadruka and el-Kadada.

13 Török, Between Two Worlds, p. 41; Maria Carmela Gatto, 'The Nubian A-Group: A Reassessment', Archéonil, xvi (2006), pp. 67–8.

14 Gatto, 'The Nubian A-Group', p. 69.

15 Ibid., p. 70.

16 Bruce Beyer Williams, Excavations between Abu Simbel and the Sudan Frontier, vol. iii: The A-Group Royal Cemetery at Qustul: Cemetery L (Chicago, il, 1986).

17 Claire Somaglino and Pierre Tallet, 'Gebel Sheikh Suleiman: A First Dynasty Relief after All ...', Archéo-Nil, xxv (2015), pp. 123–34.

18 Ibid., pp. 127–8.

19 George Reisner identified another culture between the A-Group and C-Group, which he classified as the 'B-Group'. All of his evidence was centred around the cemeteries as no settlement sites were identified and dated to this period. At this point there is little evidence that Reisner's 'B-Group' cemeteries should be considered those of a distinct cultural group. Instead, they are now considered to be lower-status members of the A-Group. For discussions about the 'B-Group', see H. S. Smith, 'The Nubian B-Group', kush: Journal of the Sudan Antiquities Service, xiv/1 (1966), pp. 69–124, and H. S. Smith, 'The Development of the "A-Group" Culture in Northern Lower Nubia', in Egypt and Africa:

Nubia from Prehistory to Islam, ed. W. V. Davies (London, 1991), pp. 92–111.

20 James Henry Breasted, Ancient Records of Egypt, vol. i: The First through the Seventeenth Dynasties (Chicago, il, 1906), p. 66.

21 Török, Between Two Worlds, p. 64.

22 Adams, Nubia, p. 147; Bruce G. Trigger, History and Settlement in Lower Nubia (New Haven, ct, 1965), pp. 97–8.

23 Adams, Nubia, p. 149.

24 Ibid., p. 144; Török, Between Two Worlds, p. 71.

25 Stuart Tyson Smith, 'Askut and the Role of the Second Cataract Forts', Journal of the American Research Center in Egypt, xxviii (1991), pp. 107–32.

26 Matthieu Honegger, 'The Pre-Kerma Settlement: New Elements Throw Light on the Rise of the First Nubian Kingdom', in Nubian Studies 1998: Proceedings of the Ninth Conference of the International Society of Nubian Studies, ed. Timothy Kendall (Boston, ma, 2004), p. 83; Matthieu Honegger, 'The Pre-Kerma Period', in Sudan Ancient Treasures, p. 66.

27 Honegger, 'Pre-Kerma Period', pp. 64–5; Honegger, 'Pre-Kerma Settlement', p. 89.

28 Honegger, 'Pre-Kerma Period', pp. 65 and 89; Matthieu Honegger, 'Kerma: L'agglomération pré-Kerma', Genava, xlv (1997), p. 115.

29 Honegger, 'Pre-Kerma Period', p. 65.

30 Honegger, 'Pre-Kerma Settlement', p. 89.

31 Honegger, 'Pre-Kerma Period', p. 64.

32 Ibid., cat. nos 51 and 54.

33 Honegger, 'Pre-Kerma Settlement', p. 88.

34 George Andrew Reisner, Excavations at Kerma: Joint Egyptian Expedition of Harvard University and the Boston Museum of Fine Arts, 2 vols (Cambridge, ma, 1923).

35 Charles Bonnet, 'The Kingdom of Kerma', in Sudan: Ancient Kingdoms of the Nile, ed. Dietrich Wildung (Paris and New York, 1997), p. 89.
36 Ibid., p. 94.
37 Bonnet, 'Kerma', in Sudan Ancient Treasures, p. 79.
38 Charles Bonnet, 'Excavations at the Nubian Royal Town of Kerma: 1975–91', Antiquity, lxvi (1992), pp. 611–25 (pp. 614–16).
39 Ibid., p. 616.
40 Charles Bonnet, Jacques Reinold, Brigitte Gratien, Bruno Marcolongo and Nicola Surian, 'Les fouilles archéologiques de Kerma (Soudan): Rapport préliminaire sur les campagnes de 1991–1992 et de 1992–1993', Genava, xli (1993), p. 3.
41 Ibid., p. 4.
42 Ibid., p. 5.
43 Bonnet, 'Kingdom of Kerma', p. 90.
44 Bonnet, 'Kerma Culture', p. 75.
45 Francis Geus, 'Funerary Culture', in Sudan Ancient Kingdoms, p. 278.
46 Matthieu Honegger and Camille Fallet, 'Archers' tombs of Kerma Ancien', Kerma: Documents de la mission archéologique suisse au Soudan, vi (2015), pp. 16–30.
47 Subsidiary burials, which have been interpreted as human sacrifices, were also found in elite and royal tombs beginning in the Classic Kerma period. For an extensive study of the Classic Kerma burials, their contents, and the evidence for social stratification and human sacrifice, see Elizabeth Minor, 'The Use of Egyptian and Egyptianizing Material Culture in Nubian Burials of the Classic Kerma Period', PhD thesis, University of California, Berkeley, 2012.
48 Elizabeth Minor, 'One More for the Road: Beer, Sacrifice and Commemoration in Ancient Nubian Burials of the Classic Kerma Period', in Current Research in Egyptology 2017: Proceedings of the Eighteenth Annual Symposium, ed. Ilaria Incordino et al. (Oxford,

2018), p. 126.

49 Ibid., p. 127.

50 Bonnet, 'Kerma', in Sudan Ancient Treasures, p. 80.

51 Minor, 'One More for the Road', p. 127.

52 Bonnet, 'Kerma Culture', p. 75.

53 Bonnet, 'Kingdom of Kerma', p. 92.

54 Christian Knoblauch and Peter Lacovara, 'Nubian Ceramics', in Ancient Nubia: African Kingdoms on the Nile, ed. Fisher et al., p. 203.

55 Brigitte Gratien, 'L'Habitat 2 de Gism el-Arba: Rapport préliminaire sur un centre de stockage Kerma?', Cahier de Recherches de l'Institut de Papyrologie et d'Egyptologie de Lille, xxiii (2003), pp. 29–43; Brigitte Gratien, 'Some Rural Settlements at Gism el-Arba in the Northern Dongola Reach', Sudan and Nubia, iii (1999), pp. 10–12.

56 Louis Chaix, 'New Data about Rural Economy in the Kerma Culture: The Site of Gism-el-Arba (Sudan)', Studies in African Archaeology, ix (2007), pp. 25–38.

努比亚与埃及

1 Nigel C. Strudwick, Texts from the Pyramid Age (Atlanta, ga, 2005), pp. 352–7.

2 Ibid., p. 357.

3 Ibid., pp. 330–33.

4 Ibid., p. 333.

5 Ibid., pp. 336–8.

6 László Török, Between Two Worlds: The Frontier Region between Ancient Nubia and Egypt, 3700 bc–500 ad (Leiden, 2009), p. 84; Kate Liszka and Bryan Kraemer, 'Evidence for Administration of the Nubian Fortresses in the Late Middle Kingdom: P. Ramesseum 18', Journal of Egyptian History, ix/2 (2016), p. 188.

7 Denise M. Doxey, Rita E. Freed and Lawrence M. Berman, Arts of

Ancient Nubia (Boston, ma, 2018), pp. 134–5.

8 Ibid., p. 136.

9 William Kelly Simpson, ed., The Literature of Ancient Egypt: An Anthology of Stories, Instructions, Stelae, Autobiographies, and Poetry, 3rd edn (New Haven, ct, and London, 2003), p. 338.

10 Bryan Kraemer and Kate Liszka, 'Evidence for Administration of the Nubian Fortresses in the Late Middle Kingdom: The Semna Dispatches', Journal of Egyptian History, ix/1 (2016), 1–65 (pp. 14–15, 45).

11 Ibid., p. 30.

12 Liszka and Kraemer, 'P. Ramesseum 18', pp. 161–6, 190–91.

13 Marjorie M. Fisher, 'The History of Nubia', in Ancient Nubia: African Kingdoms on the Nile, ed. Marjorie M. Fisher, Peter Lacovara, Salima Ikram and Sue D'Auria (New York and Cairo, 2012), p. 22; Liszka and Kraemer, 'P. Ramesseum 18', pp. 194–5.

14 Török, Between Two Worlds, p. 59.

15 Doxey, Freed and Berman, Arts of Ancient Nubia, p. 140.

16 Vivian Davies, 'Kush in Egypt: A New Historical Inscription', Sudan and Nubia, vii (2003), pp. 52–4 (p. 52).

17 Ibid., p. 53.

18 Elizabeth Minor, 'The Use of Egyptian and Egyptianizing Material Culture in Classic Kerma Burials: Winged Sun Discs', in Les Produits de luxe au Proche-Orient ancien, aux âges du Bronze et du Fer, ed. Michèle Casanova and Martin Feldman (Paris, 2014), p. 227.

19 Ibid., pp. 231–2; Elizabeth Minor, 'Decolonizing Reisner: A Case Study of a Classic Kerma Female Burial for Reinterpreting Early Nubian Archaeological Collections through Digital Archival Resources', in Nubian Archaeology in the xxist Century: Proceedings of the Thirteenth International Conference for Nubian Studies (Leuven, 2018), p. 259, fig. 8.

20 Doxey, Freed and Berman, Arts of Ancient Nubia, p. 29.

21 Labib Habachi, The Second Stela of Kamose and His Struggle against the Hyksos Ruler and His Capital (Glückstadt, 1972).

22 Simpson, The Literature of Ancient Egypt, p. 346.

23 David O'Connor, 'New Kingdom and Third Intermediate Period, 1552–664 bc', in Ancient Egypt: A Social History, ed. Bruce G. Trigger et al. (Cambridge, 1983), p. 262.

24 Nina de Garis Davies and Alan H. Gardiner, The Tomb of Huy: Viceroy of Nubia in the Reign of Tut'ankhamūn (No. 40) (London, 1926).

25 Robert Morkot, 'From Conquered to Conquerer: The Organization of Nubia in the New Kingdom and the Kushite Administration of Egypt', in Ancient Egyptian Administration, ed. Juan Carlos Moreno García (Leiden, 2013), p. 916.

26 Florence Doyen, 'The New Kingdom Town on Sai Island (Northern Sudan)', Sudan and Nubia, xiii (2009), pp. 17–20 (p. 17); Julia Budka, 'The Early New Kingdom at Sai Island: Preliminary Results Based on the Pottery Analysis (4th Season 2010)', Sudan and Nubia, xv (2011), pp. 23–33 (pp. 24, 29).

27 Doyen, 'New Kingdom Town on Sai Island', p. 18; Budka, 'Sai Island, Pottery Analysis', p. 23; Florence Doyen, 'Sai Island New Kingdom Town (Northern Sudan): 3rd and 4th Seasons (2009–2010)', in The Fourth Cataract and Beyond: Proceedings of the Twelfth International Conference for Nubian Studies, ed. Julie R. Anderson and Derek A. Welsby (Leuven, 2014), p. 369.

28 Budka, 'Sai Island, Pottery Analysis', p. 23.

29 Julia Budka and Florence Doyen, 'Life in New Kingdom Towns in Upper Nubia: New Evidence from Recent Excavations on Sai Island', Ägypten und Levante/Egypt and the Levant, xxii/xxiii (2012/13), pp. 167–208 (p. 182).

30 Doyen, 'New Kingdom Town on Sai Island', p. 18; Budka and Doyen, 'Life in New Kingdom Towns', p. 171.

31 Doyen, 'New Kingdom Town on Sai Island', pp. 18–19; Budka, 'Sai Island, Pottery Analysis', p. 24; Budka and Doyen, 'Life in New Kingdom Towns', pp. 171–2.

32 Kate Spence et al., 'Sesebi 2011', Sudan and Nubia, xv (2011), pp. 34–9 (p. 38); Derek Welsby, 'Excavations at Kawa, 2009–10', Sudan and Nubia, xiv (2010), pp. 48–55 (p. 52). Spence et al., 'Sesebi 2011', p. 34.

33 Dietrich D. Klemm, Rosemarie Klemm and Andreas Murr, 'Ancient Gold Mining in the Eastern Desert of Egypt and the Nubian Desert of Sudan', in Egypt and Nubia: Gifts of the Desert, ed. Renée Friedman (London, 2002), p. 216.

34 Kate Spence and Pamela Rose, 'Fieldwork at Sesebi 2010', in The Fourth Cataract and Beyond, ed. Anderson and Welsby, p. 414.

35 Kate Spence et al., 'Fieldwork at Sesebi, 2009', Sudan and Nubia, xiii (2009), pp. 38–46 (p. 42); Spence and Rose, 'Sesebi 2010', p. 412.

36 Spence et al., 'Sesebi 2009', p. 42; Spence et al., 'Sesebi 2011', p. 37.

37 Neal Spencer, Anna Stevens and Michaela Binder, Amara West: Living in Egyptian Nubia (London, 2014), p. 10.

38 Ibid., p. 10; Neal Spencer, 'Amara West: Considerations on Urban Life in Colonial Kush', in The Fourth Cataract and Beyond, ed. Anderson and Welsby, p. 459.

39 Spencer, Stevens and Binder, Amara West, p. 14.

40 Neal Spencer, 'Cemeteries and a Late Ramesside Suburb at Amara West', Sudan and Nubia, xiii (2009), pp. 47–61 (p. 47); Spencer, Stevens and Binder, Amara West, p. 15.

41 Spencer, 'Cemeteries and a Late Ramesside Suburb', p. 47; Spencer, Stevens and Binder, Amara West, p. 17; Spencer, 'Amara West: Considerations', p. 459.

42 Spencer, 'Cemeteries and a Late Ramesside Suburb', p. 56; Spencer, 'Amara West: Considerations', p. 468.

43 Spencer, 'Cemeteries and a Late Ramesside Suburb', p. 55.

44 Ibid.; Richard B. Parkinson and Neal Spencer, 'The Teaching of Amenemhat at Amara West', Egyptian Archaeology, xxxv (2009), pp. 25–7 (p. 27); Spencer, 'Amara West: Considerations', p. 481.

45 Richard B. Parkinson and Neal Spencer, 'Reading Amenemhat in Upper Nubia', in Spencer, Stevens and Binder, Amara West, p. 18.

46 Charles Bonnet and Dominique Valbelle, 'Kerma, Dokki Gel', in Sudan Ancient Treasures: Recent Discoveries from the Sudan National Museum, ed. Derek A. Welsby and Julie R. Anderson, exh. cat., British Museum (London, 2004), p. 109.

47 Charles Bonnet, The Black Kingdom of the Nile (Cambridge, ma, and London, 2019), p. 72.

48 Bonnet and Valbelle, 'Kerma, Dokki Gel', p. 109.

49 David N. Edwards, The Nubian Past: An Archaeology of the Sudan (Abingdon and New York, 2004), p. 108.

50 Renée Friedman, Margaret Judd and Joel D. Irish, 'The Nubian Cemetery at Hierakonpolis, Egypt: Results of the 2007 Season', Sudan and Nubia, xi (2007), pp. 57–71.

51 Ibid., pp. 60–61.

52 Eric Doret, 'Ankhtifi and the Description of his Tomb at Mo'alla', in For His Ka: Essays Offered in Memory of Klaus Baer, ed. David P. Silverman (Chicago, il, 1994), pp. 79–86.

努比亚的黄金时代

1 Irene Liverani, 'Hillat el-Arab', in Sudan Ancient Treasures: Recent Discoveries from the Sudan National Museum, ed. Derek A. Welsby and Julie R. Anderson, exh. cat., British Museum (London, 2004), pp. 138–47; Irene Vincentelli, Hillat el-Arab: The Joint Sudanese–Italian Expedition in the Napatan Region, Sudan (Oxford, 2006).

2 Robert Morkot, The Black Pharaohs: Egypt's Nubian Rulers (London, 2000), p. 158.

3 Sarah M. Schellinger, 'Victory Stela of Pianki', in Milestone Documents, ed. Brian Bonhomme (Dallas, tx, 2014), pp. 91–107.

4 Derek Welsby, Kingdom of Kush: The Napatan and Meroitic Empires (London, 1996), p. 26; Jean Revez, 'The Metaphorical Use of the Kinship Term sn "Brother"', Journal of the American Research Center in Egypt, xl (2003), pp. 123–31; Samia Dafa'alla, 'Succession in the Kingdom of Napata, 900–300 bc', International Journal of African Historical Studies, xxvi (1993), pp. 167–74 (p. 170).

5 Kenneth A. Kitchen, The Third Intermediate Period in Egypt (1100–650 bc) (Oxford, 2004), p. 385.

6 Tormod Eide, Tomas Hägg, Richard Holton Pierce and László Török, eds, Fontes Historiae Nubiorum: Textual Sources for the History of the Middle Nile Region between the Eighth Century bc and the Sixth Century ad, vol. i: From the Eighth to the Mid-Fifth Century bc (Bergen, 1994), pp. 139 and 153; subsequently fhn i. For an extensive study of Taharqo's reign, see Jeremy Pope, The Double Kingdom under Taharqo: Studies in the History of Kush and Egypt, c. 690–664 bc (Leiden, 2014).

7 fhn i, pp. 150–51. Parentheses interjecting into quotes are direct from the sources whereas square brackets indicate the author's own insertions.

8 Ibid., p. 152.

9 László Török, The Kingdom of Kush: Handbook of the Napatan-Meroitic Civilization (Leiden, 1997), p. 172.

10 Ibid., pp. 180–81; David N. Edwards, The Nubian Past: An Archaeology of the Sudan (New York and Abingdon, 2004), p. 121.

11 Török, Kingdom of Kush, p. 172.

12 Ibid., p. 186.

13 fhn i, pp. 221–2.

14 The 'B' designation is for Barkal as Jebel Barkal is the modern name of the site.

15 Török, Kingdom of Kush, p. 366.

16 Bogdan Żurawski, 'Pliny's "Tergedum" Discovered', Sudan and Nubia, ii (1998), p. 80.
17 Török, Kingdom of Kush, p. 373.
18 Ibid.
19 Thomas O. Reimer, 'The Presentation of Gold in the Reliefs of the Eastern Staircase of the Apadana in Persepolis', Iranian Journal of Archaeological Studies, iii/1 (2013), pp. 57–63 (pp. 60–62).
20 John Garstang and A. H. Sayce, 'Second Interim Report on the Excavations at Meroe in Ethiopia', Liverpool Annals of Archaeology and Anthropology, iv (1912), p. 49; László Török, with I. Hofmann and I. Nagy, Meroe City: An Ancient African Capital; John Garstang's Excavations in Sudan, Part One: Text (London, 1997), p. 154.
21 Richard Lobban, 'Greeks, Nubians and Mapping the Ancient Nile', in Nubian Studies 1998: Proceedings of the Ninth Conference of the International Society of Nubian Studies, ed. Timothy Kendall (Boston, ma, 2004), p. 341.
22 Ibid., p. 342.
23 Tormod Eide, Tomas Hägg, Richard Holton Pierce and László Török, eds, Fontes Historiae Nubiorum: Textual Sources for the History of the Middle Nile Region between the Eighth Century bc and the Sixth Century ad, vol. ii: From the Mid-Fifth Century to the First Century bc (Bergen, 1996), pp. 691, 695–9; subsequently fhn ii; Stanley Burstein, 'Rome and Kush: A New Interpretation', in Nubian Studies 1998: Proceedings of the Ninth Conference of the International Society of Nubian Studies, ed. Timothy Kendall (Boston, ma, 2004), p. 16.
24 fhn ii, pp. 689ff.
25 Aminata Sackho-Autissier, 'La Guerre entre Méroé et Rome, 25–21 av. J.-C', in Méroé: Un Empire sur le Nil, ed. Michel Baud (Paris, 2010), p. 73.
26 Ibid.

27 Burstein, 'Rome and Kush', p. 17.
28 László Török, Hellenizing Art in Ancient Nubia, 300 bc–ad 250, and Its Egyptian Models: A Study in 'Acculturation' (Leiden, 2011), p. 304.
29 Ibid., p. 306.
30 Loredana Sist, 'Motivi ellenistici nell'architettura meroitica: nuove scoperte a Napata', in Acta Nubica: Proceedings of the x International Conference of Nubian Studies, ed. Isabella Caneva and Alessandro Roccati (Rome, 2006), p. 475; Alessando Roccati, 'L'Hellénisme dans l'architecture et la décoration des palais de Napata', in Méroé, ed. Baud (Paris, 2010), p. 96.
31 Sist, 'Motivi ellenistici', p. 476.
32 Kathryn A. Bard, Rodolfo Fattovich, Andrea Manzo and Cinzia Perlingieri, 'Aksum Origins, Kassala and Upper Nubia: New Evidence from Bieta Giyorgis, Aksum', Archéologie du Nil Moyen, ix (2002), p. 34; Rodolfo Fattovich, 'The Development of Ancient States in the Northern Horn of Africa, c. 3000 bc–ad 1000: An Archaeological Outline', Journal of World Prehistory, xxiii (2010), pp. 145–75 (p. 158).
33 Rodolfo Fattovich, 'At the Periphery of the Empire: The Gash Delta (Eastern Sudan)', in Egypt and Africa: Nubia from Prehistory to Islam, ed. W. V. Davies (London, 1991), p. 45; Bard et al., 'Aksum Origins', p. 35; Fattovich, 'Development of Ancient States', p. 155.
34 Fattovich, 'At the Periphery of the Empire', p. 41.
35 Bard et al., 'Aksum Origins', p. 37.
36 Fattovich, 'Development of Ancient States', p. 157.
37 Rodolfo Fattovich, 'The Problem of Sudanese–Ethiopian Contacts in Antiquity: Status Quaestionis and Current Trends of Research', in Nubian Studies: Proceedings of the Symposium for Nubian Studies, ed. J. Martin Plumley (Warminster, 1982), p. 76.
38 Pawel Wolf, 'Essay über den meroitischen Eklektizismus in Musawwarat es Sufra, oder: Woher stammt der meroitische

Einraumtempel?', in Ein Forscherleben zwischen den Welten: zum 80. Geburtstag von Steffen Wenig, ed. Angelika Lohwasser and Pawel Wolf (Berlin, 2014), p. 358.

39 Welsby, Kingdom of Kush, p. 190.
40 Claude Rilly and Alex de Voogt, The Meroitic Language and Writing System (Cambridge, 2012).
41 Tormod Eide, Tomas Hägg, Richard Holton Pierce and László Török, eds, Fontes Historiae Nubiorum: Textual Sources for the History of the Middle Nile Region Between the Eighth Century bc and the Sixth Century ad, vol. iii: From the First to the Sixth Century ad (Bergen, 1998), pp. 1066ff; subsequently fhn iii.
42 Ibid., pp. 1094ff.

努比亚的万神殿

1 Caroline M. Rocheleau, Amun Temples in Nubia: A Typological Study of New Kingdom, Napatan and Meroitic Temples (Oxford, 2008).
2 The species of ram associated with the god Khnum was Ovis longipes palaeoaegyptiacus and was attested in Egypt as early as the Predynastic period. The ram species associated with the god Amun was Ovis platyra aegyptiaca, which was known from the Middle Kingdom, approximately Dynasty 12, onwards. These species are differentiated by the type of horns, the former having horns that are wavy and stretch horizontally above the head, and the latter having horns that curve down and around the ears towards the mouth. Khnum was also closely associated with water, particularly the source of the Nile, as that was under his domain. Rams of the Ovis platyra aegyptiaca were used to find sources of water in the desert: Katja Goebs, '"Receive the Henu – that You May Shine Forth in it like Akhty": Feathers, Horns and the Composite Symbolism of Egyptian Composite Crowns', in Königtum, Staat und Gesellschaft Früher Hochkulturen 4.4: 7th Symposium on Egyptian Royal Ideology;

Royal versus Divine Authority, ed. Filip Coppens, Jiří Janák and Hana Vymazalová (Wiesbaden, 2015), p. 171.

3 Eleonora Y. Kormysheva, 'On the Origin and Evolution of the Amun Cult in Nubia', in Nubian Studies 1998: Proceedings of the Ninth Conference of the International Society of Nubian Studies, ed. Timothy Kendall (Boston, ma, 2004), p. 113.

4 fhn i, p. 77

5 Ibid., pp. 198–200.

6 fhn ii, pp. 442–3.

7 Ibid., p. 499; Emanuele M. Ciampini and Grażyna Bąkowska-Czerner, 'Meroitic Kingship and Water: The Case of Napata (B2200)', in The Fourth Cataract and Beyond: Proceedings of the Twefth International Conference for Nubian Studies, ed. Julie R. Anderson and Derek A. Welsby (Leuven, 2014), p. 696.

8 Ibid., p. 698.

9 John Garstang, W. J. Phythian-Adams and A. H. Sayce, 'Fifth Interim Report on the Excavations at Meroë in Ethiopia', Liverpool Annals of Archaeology and Anthropology, vii (1914–16), p. 12.

10 László Török, Hellenizing Art in Ancient Nubia 300 bc–ad 250 and Its Egyptian Models: A Study in 'Acculturation' (Leiden, 2011), p. 131.

11 fhn i, p. 36.

12 Ibid., p. 237.

13 László Török, 'Space, Temple, and Society: On the Built Worldview of the Twenty-Fifth Dynasty in Nubia', in Acta Nubica: Proceedings of the x International Conference of Nubian Studies, ed. Isabella Caneva and Alessandro Roccati (Rome, 2006), p. 233.

14 László Török, The Image of the Ordered World in Ancient Nubian Art: The Construction of the Kushite Mind (800 bc–300 ad) (Leiden, 2002), pp. 72–3.

15 Charles Bonnet and Dominique Valbelle, The Nubian Pharaohs: Black

Kings on the Nile (Cairo, 2006), p. 38.

16 Angelika Lohwasser, 'Neujahr in Nubien', in Ein Forscherleben zwischen den Welten: zum 80. Geburtstag von Steffen Wenig, ed. Angelika Lohwasser and Pawel Wolf (Berlin, 2014), p. 230.

17 Alan Gardiner, 'The Coronation of King Haremhab', Journal of Egyptian Archaeology, xxxix (1953), pp. 13–31.

18 David O'Connor, 'Beloved of Maat, the Horizon of Re: The Royal Palace in New Kingdom Egypt', in Ancient Egyptian Kingship, ed. David O'Connor and David P. Silverman (Leiden, 1995), p. 278; Giulia Pagliari, 'Function and Significance of Ancient Egyptian Royal Palaces from the Middle Kingdom to the Saite Period', PhD thesis, University of Birmingham and La 'Sapienza', University of Rome, 2012, pp. 232–75.

19 Timothy Kendall, 'Why Did Taharqa Build His Tomb at Nuri?', in Between the Cataracts: Proceedings of the 11th Conference for Nubian Studies, Part One: Main Papers, ed. Włodzimierz Godlewski and Adam Łajtar, Polish Archaeology in the Mediterranean, Supplement Series 2:1 (Warsaw, 2008), p. 125.

20 fhn i, pp. 196–7.

21 fhn ii, p. 443.

22 Ibid., pp. 234–5.

23 Ibid., p. 401.

24 fhn i, p. 238.

25 Ibid., p. 401.

26 László Török, 'Ambulatory Kingship and Settlement History: A Study on the Contribution of Archaeology to Meroitic History', in Études nubiennes: Conférence de Genève; Actes du viie Congrès international d'études nubiennes, ed. Charles Bonnet (Geneva, 1992), p. 115; Jeremy Pope, The Double Kingdom under Taharqo: Studies in the History of Kush and Egypt, c. 690–664 bc (Leiden, 2014), pp. 38–40.

27 David O'Connor, 'City and Palace in New Kingdom Egypt', Cahiers de Recherches de l'Institut de Papyrologie et d'Egyptologie de Lille, xi (1989), pp. 73–87.

28 Ibid., p. 77.

29 Ibid., p. 483.

30 Janice W. Yellin, 'Egyptian Religion and Its Ongoing Impact on the Formation of the Napatan State. A Contribution to László Török's Main Paper: The Emergence of the Kingdom of Kush and her Myth of the State in the First Millennium bc', Cahiers de Recherches de l'Institut de Papyrologie et d'Egyptologie de Lille, xvii/1 (1995), p. 256.

31 Tomb number 52 at el-Kurru. mfa 24.928.

32 Janice Yellin, 'Nubian Religion', in Ancient Nubia: African Kingdoms on the Nile, ed. Marjorie M. Fisher, Peter Lacovara, Salima Ikram and Sue D'Auria (New York and Cairo, 2012), p. 134.

33 Ibid.

34 László Török, The Kingdom of Kush: Handbook of the Napatan-Meroitic Civilization (Leiden, 1997), p. 439; Török, Image of the Ordered World, p. 181.

35 Török, Kingdom of Kush, p. 439; Török, Image of the Ordered World, p. 182.

36 Török, Kingdom of Kush, pp. 440–41; Török, Image of the Ordered World, pp. 182, 186.

37 Yellin, 'Nubian Religion', p. 132.

38 Susan Kay Doll, 'Texts and Decoration on the Napatan Sarcophagi of Anlamani and Aspelta', PhD thesis, Brandeis University, 1978, p. 367.

39 F. J. Albers, 'The Pyramid Tombs of Tanutamen, Last Nubian Pharaoh and His Mother, Queen Qalhata', kmt: A Modern Journal of Ancient Egypt, xiv/2 (2003), pp. 52–63.

40 Eric A. Powell, 'Miniature Pyramids of Sudan', Archaeology, lxvi/4 (2013), p. 34.

41 David N. Edwards, The Nubian Past: An Archaeology of the Sudan (New

York and Abingdon, 2004), p. 174.
42 Janice Yellin, 'The Role of Anubis in Meroitic Religion', in Nubian Studies: Proceedings of the Symposium for Nubian Studies 1978, ed. J. M. Plumley (Warminster, 1982), p. 229.
43 Janice Yellin, 'The Kushite Nature of Early Meroitic Mortuary Religion: A Pragmatic Approach to Osirian Beliefs', in Ein Forscherleben zwischen den Welten: zum 80. Geburtstag von Steffen Wenig, ed. Angelika Lohwasser and Pawel Wolf (Berlin, 2014), pp. 395–404.
44 Ciampini and Bąkowska-Czerner, 'Meroitic Kingship', p. 699.
45 Ibid., p. 698.
46 Andrea Manzo, 'Apedemak and Dionysos: Further Remarks on the "Cult of the Grape" in Kush', Sudan and Nubia, x (2006), pp. 82–94 (p. 82).

麦罗埃的"坎迪斯"

1 Solange Ashby, 'Dancing for Hathor: Nubian Women in Egyptian Cultic Life', Dowato, v (2018), pp. 63–90 (p. 67).
2 Mariam F. Ayad, 'The God's Wife of Amun: Origins and Rise to Power', in The Routledge Companion to Women and Monarchy in the Ancient Mediterranean World, ed. Elizabeth D. Carney and Sabine Müller (London, 2020), pp. 49–50.
3 Ibid., p. 49.
4 Ibid.
5 Ibid., p. 54.
6 Mariam F. Ayad, 'Some Thoughts on the Disappearance of the Office of the God's Wives of Amun', Journal of the Society for the Study of Egyptian Antiquities, xxviii (2001), p. 9.
7 Elizabeth Minor, 'Decolonizing Reisner: A Case Study of a Classic Kerma Female Burial for Reinterpreting Early Nubian Archaeological Collections through Digital Archival Resources', in Nubian Archaeology in the xxist Century: Proceedings of the Thirteenth International

Conference for Nubian Studies (Leuven, 2018), pp. 251–62.

8 Ibid., p. 256.
9 László Török, Birth of an Ancient African Kingdom: Kush and Her Myth of the State in the First Millennium bc (Lille, 1995), pp. 48 and 99.
10 fhn i, pp. 36–7.
11 John Coleman Darnell, The Inscription of Queen Katimala at Semna: Textual Evidence for the Origins of the Napatan State (New Haven, ct, and London, 2006), p. ix.
12 Chris Bennett, 'Queen Karimala, Daughter of Osochor?', Göttinger Miszellen, clxxiii (1999), pp. 7–8.
13 fhn i, p. 41.
14 Ibid.
15 Ibid., pp. 272–3.
16 László Török, The Kingdom of Kush: Handbook of the Napatan-Meroitic Civilization (Leiden, 1997), p. 369.
17 fhn i, p. 154.
18 Ibid., 223.
19 Dan'el Kahn, 'The Queen Mother in the Kingdom of Kush: Status, Power and Cultic Role', in Teshura Le-Zafrira: Studies in the Bible, the History of Israel and the Ancient Near East Presented to Zafrira Ben-Barak, ed. Mayer I. Gruber et al. (Beer Sheva, 2012), p. 61.
20 fhn ii, pp. 507–8.
21 Ibid., p. 549.
22 Janice Yellin, 'The Chronology and Attribution of Royal Pyramids at Meroe and Gebel Barkal: Beg N 8, Beg N 12, Bar 5 and Bar 2', Journal of Ancient Egyptian Interconnections, vi/1 (2014), pp. 76–88; for the redating of Shanadakheto, see p. 80.
23 Joyce Haynes and Mimi Santini-Ritt, 'Women in Ancient Nubia', in Ancient Nubia: African Kingdoms on the Nile, ed. Marjorie M. Fisher, Peter Lacovara, Salima Ikram and Sue D'Auria (New York and Cairo,

2012), p. 182.

24 Aminata Sackho-Autissier, 'La Guerre entre Méroé et Rome, 25–21 av. J.-C.', in Méroé: Un Empire sur le Nil, ed. Michel Baud (Paris, 2010), p. 73; Pawel Wolf and Claude Rilly, 'Les Stèles de Hamadab', in Méroé, ed. Baud, p. 160; fhn ii, pp. 719–23.

25 Ibid., p. 726.

26 Vlastimil Vrtal, 'The Palace of Queen Amanishakheto (wbn 100)', in Wad Ben Naga: 1821–2013, ed. Pavel Onderka et al. (Prague, 2013), p. 60.

27 Jean Vercoutter, 'Un Palais des "Candaces", contemporain d'Auguste (Fouilles à Wad-ban-Naga 1958–1960)', Syria, xxxix (1962), pp. 278–9.

28 Yvonne M. Markowitz and Peter Lacovara, 'The Ferlini Treasure in Archaeological Perspective', Journal of the American Research Center in Egypt, xxxiii (1996), pp. 1–9.

29 Claude Rilly, 'Meroitische Texte aus Naga/ Meroitic Texts from Naga', in Königsstadt Naga: Grabungen in der Wüste des Sudan/ Naga-Royal City: Excavations in the Desert of the Sudan, ed. Karla Kröper, Sylvia Schoske and Dietrich Wildung (Munich and Berlin, 2011), p. 190.

30 Angelika Lohwasser, 'Queenship in Kush: Statue, Role and Ideology of Royal Women', Journal of the American Research Center in Egypt, xxxviii (2001), pp. 61–76 (p. 63).

31 Shirin Jaafari, 'Here's the Story behind the Iconic Sudanese Woman in White', The World, 10 April 2019, https://theworld.org, accessed 1 September 2021.

进入铁器时代

1 Nettie K. Adams, 'Influences from Abroad: The Evidence from the Textiles', in Qasr Ibrim, Between Egypt and Africa: Studies in Cultural Exchange, ed. J. van der Vliet and J. L. Hagen (Leuven, 2013), p. 67.

2 Michael Gervers, 'Cotton and Cotton Weaving in Meroitic Nubia and Medieval Ethiopia', Textile History, xxi/1 (1990), pp. 13–30 (p. 14).

3 Laurence P. Kirwan, 'A Survey of Nubian Origins', Sudan Notes and Records, xx/1 (1937), p. 51.

4 Gervers, 'Cotton and Cotton Weaving', p. 15.

5 László Török, Between Two Worlds: The Frontier Region between Ancient Nubia and Egypt, 3700 bc–ad 500 (Leiden, 2009), pp. 411–26.

6 Ibid., pp. 391–411.

7 John Garstang and A. H. Sayce, 'Second Interim Report on the Excavations at Meroe in Ethiopia', Liverpool Annals of Archaeology and Anthropology, iv (1912), p. 55.

8 Jane Humphris, Michael F. Charlton, Jake Keen, Lee Sauder and Fareed Alshishani, 'Iron Smelting in Sudan: Experimental Archaeology at the Royal City of Meroe', Journal of Field Archaeology, xliii/5 (2018), pp. 399–416 (p. 399).

9 Ibid., pp. 399–416.

10 Randi Haaland, 'Iron Working in an Indian Ocean Context', in World of Iron, ed. Jane Humphris and Thilo Rehren (London, 2013), p. 149.

11 Humphris et al., 'Iron Smelting', p. 400.

12 Haaland, 'Iron Working', p. 148.

13 Derek Welsby, Kingdom of Kush: The Napatan and Meroitic Empires (London, 1996), p. 170.

14 Gunnar Haaland and Randi Haaland, 'God of War, Worldly Ruler, and Craft Specialists in the Meroitic Kingdom of Sudan: Inferring Social Identity from Material Remains', Journal of Social Archaeology, vii/3 (2007), pp. 372–92 (p. 381).

15 Haaland, 'Iron Working', p. 151.

16 David W. Phillipson, African Archaeology, 3rd edn (Cambridge, 2005), p. 234.

17 Edwin E. Okafor, 'New Evidence on Early Iron-Smelting from Southwestern Nigeria', in The Archaeology of Africa: Food, Metals and Towns, ed. Thurstan Shaw, Paul Sinclair, Bassey Andah and Alex

Okpoko (London and New York, 1993), p. 432.
18 Scopas Poggo, 'The Origins and Culture of Blacksmiths in Kuku Society of the Sudan, 1797–1955', Journal of African Cultural Studies, xviii/2 (2006), pp. 169–86 (p. 172).
19 Ibid., p. 173.
20 Dr Scopas Poggo, Associate Professor of African American and African Studies at the Ohio State University and a proud member of the Kuku ethnic group, personal communication.

从努比亚到苏丹

1 Francis Geus, 'Funerary Culture', in Sudan Ancient Treasures: Recent Discoveries from the Sudan National Museum, ed. Derek A. Welsby and Julie R. Anderson, exh. cat., British Museum (London, 2004), p. 282.
2 fhn iii, pp. 1150–51.
3 Derek Welsby, The Kingdom of Kush: The Napatan and Meroitic Empires (London, 1996), p. 59.
4 Brenda J. Baker and Sarah M. Schellinger, 'The Qatar-Sudan Archaeological Project – Fourth Cataract: Preliminary Investigation of a Recently Discovered Fort in the asu bone Concession near el-Qinifab, Sudan', Sudan and Nubia, xxi (2017), pp. 169–76.
5 Julie R. Anderson, 'The Medieval Kingdoms of Nubia', in Sudan Ancient Treasures, ed. Welsby and Anderson, p. 202.
6 Ibid.
7 Ibid., p. 204.
8 William Y. Adams, 'Medieval Nubia: Another Golden Age', Expedition, xxxv/2 (1993), p. 32.
9 Geus,'Funerary Culture', p. 282.
10 Adams, 'Medieval Nubia', p. 32.
11 Ibid., p. 35.
12 Ibid., p. 36.

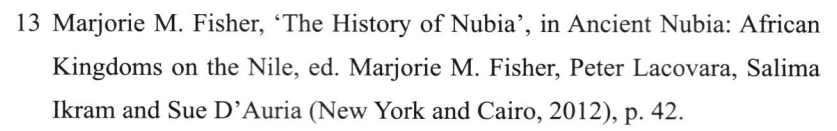

13 Marjorie M. Fisher, 'The History of Nubia', in Ancient Nubia: African Kingdoms on the Nile, ed. Marjorie M. Fisher, Peter Lacovara, Salima Ikram and Sue D'Auria (New York and Cairo, 2012), p. 42.

14 Adams, 'Medieval Nubia', p. 39.

15 Intisar Soghayroun el-Zein, 'Islamic Archaeology in Sudan', in Sudan Ancient Treasures, ed. Welsby and Anderson, p. 240.

16 Ibid., p. 241.

17 P. M. Holt and M. W. Daly, A History of the Sudan: From the Coming of Islam to the Present Day, 5th edn (London, 2000), p. 102.

18 Ibid., p. 141.

参考文献

Adams, Nettie K., 'Influences from Abroad: The Evidence from the Textiles', in Qasr Ibrim, Between Egypt and Africa: Studies in Cultural Exchange, ed. J. van der Vliet and J. L. Hagen (Leuven, 2013), pp. 65–81.

Adams, William Y., Meroitic North and South: A Study in Cultural Contrasts (Berlin, 1976).

——, Nubia: Corridor to Africa (Princeton, nj, 1977).

——, 'Ecology and Economy in the Empire of Kush', Zeitschrift für ägyptische Sprache und Altertumskunde, cviii (1981), pp. 1–11.

——, 'Medieval Nubia: Another Golden Age', Expedition, xxxv/2 (1993), pp. 28–39.

Ahmed, K. A., 'Economy and Environment in the Empire of Kush', Meroitica, xv (1999), pp. 291–311.

Albers, F. J., 'The Pyramid Tombs of Tanutamen, Last Nubian Pharaoh and His Mother, Queen Qalhata,' kmt: A Modern Journal of Ancient Egypt, xiv/2 (2003), pp. 52–63.

Ashby, Solange, 'Dancing for Hathor: Nubian Women in Egyptian Cultic Life', Dowato, v (2018), pp. 63–90.

Ayad, Mariam F., 'Some Thoughts on the Disappearance of the Office of the God's Wives of Amun', Journal of the Society for the Study of Egyptian Antiquities, xxviii (2001), pp. 1–14.

——, 'The God's Wife of Amun: Origins and Rise to Power', in The

Routledge Companion to Women and Monarchy in the Ancient Mediterranean World, ed. Elizabeth D. Carney and Sabine Müller (London, 2020), pp. 47–60.

Baker, Brenda J., and Sarah M. Schellinger, 'The Qatar-Sudan Archaeological Project – Fourth Cataract: Preliminary Investigation of a Recently Discovered Fort in the asu bone Concession near el-Qinifab, Sudan', Sudan and Nubia, xxi (2017), pp. 169–76.

Bard, Kathryn A., Rodolfo Fattovich, Andrea Manzo and Cinzia Perlingieri, 'Aksum Origins, Kassala and Upper Nubia: New Evidence from Bieta Giyorgis, Aksum', Archéologie du Nil Moyen, ix (2002), pp. 31–42.

Bennett, Chris, 'Queen Karimala, Daughter of Osochor?', Göttinger Miszellen, clxxiii (1999), pp. 7–8.

Binder, Michaela, Neal Spencer and Marie Millet, 'Cemetery D at Amara West: The Ramesside Period and Its Aftermath', Sudan and Nubia, xiv (2010), pp. 25–44.

Bonnet, Charles, 'Excavations at the Nubian Royal Town of Kerma: 1975–91', Antiquity, lxvi (1992), pp. 611–25.

——, The Black Kingdom of the Nile (Cambridge, ma, and London, 2019)

——, and Dominique Valbelle, The Nubian Pharaohs: Black Kings on the Nile (Cairo, 2006).

——, Jacques Reinold, Brigitte Gratien, Bruno Marcolongo and Nicola Surian, 'Les fouilles archéologiques de Kerma (Soudan): Rapport préliminaire sur les campagnes de 1991–1992 et de 1992–1993', Genava, xli (1993), pp. 1–33.

Breasted, James Henry, Ancient Records of Egypt, vol. i: The First through the Seventeenth Dynasties (Chicago, il, 1906).

Budka, Julia, 'The Early New Kingdom at Sai Island: Preliminary Results Based on the Pottery Analysis (4th Season 2010)', Sudan and Nubia, xv (2011), pp. 23–33.

——, and Florence Doyen, 'Life in New Kingdom Towns in Upper Nubia:

New Evidence from Recent Excavations on Sai Island', Ägypten und Levante/Egypt and the Levant, xxii–xxiii (2012/13), pp. 167–208.

Burckhardt, John Lewis, Travels in Nubia, 2nd edn (New York, 1978).

Burstein, Stanley, 'Rome and Kush: A New Interpretation', in Nubian Studies 1998: Proceedings of the Ninth Conference of the International Society of Nubian Studies, ed. Timothy Kendall (Boston, ma, 2004), pp. 14–23.

Buzon, Michele, Stuart Tyson Smith and Antonio Simonetti, 'Entanglement and the Formation of the Ancient Nubian Napatan State', American Anthropologist, cxviii/2 (2016), pp. 284–300.

Chaix, Louis, 'New Data about Rural Economy in the Kerma Culture: The Site of Gism-el-Arba (Sudan)', Studies in African Archaeology, ix (2007), pp. 25–38.

Ciampini, Emanuele M., and Grażyna Bąkowska-Czerner, 'Meroitic Kingship and Water: The Case of Napata (B2200)', in The Fourth Cataract and Beyond: Proceedings of the Twelfth International Conference for Nubian Studies, ed. Julie R. Anderson and Derek A. Welsby (Leuven, 2014), pp. 695–701.

Connah, Graham, African Civilizations (Cambridge, 1987).

Cooper, Julien, 'Reconsidering the Location of Yam', Journal of the American Research Center in Egypt, xlviii (2012), pp. 1–21.

——, 'Toponymic Strata in Ancient Nubia until the Common Era', Dowato, iv (2017), pp. 197–212.

D'Ercole, Giulia, 'Seventy Years of Pottery Studies in the Archaeology of Mesolithic and Neolithic Sudan', African Archaeological Review, xxxviii (2021), pp. 345–72.

Dafa'alla, Samia, 'Succession in the Kingdom of Napata, 900–300 b.c.', International Journal of African Historical Studies, xxvi (1993), pp. 167–74.

Darnell, John Coleman, The Inscription of Queen Katimala at Semna:

Textual Evidence for the Origins of the Napatan State (New Haven, ct, and London, 2006).

Davies, Vivian, 'Kush in Egypt: A New Historical Inscription', Sudan and Nubia, vii (2003), pp. 52–4.

De Garis Davies, Nina, and Alan H. Gardiner, The Tomb of Huy: Viceroy of Nubia in the Reign of Tut'ankhamūn (No. 40) (London, 1926).

Dixon, D. M., 'The Land of Yam', Journal of Egyptian Archaeology, xliv (1958), pp. 40–55.

Doll, Susan Kay, 'Texts and Decoration on the Napatan Sarcophagi of Anlamani and Aspelta', PhD thesis, Brandeis University, 1978.

Doret, Eric, 'Ankhtifi and the Description of his Tomb at Mo'alla', in For His Ka: Essays Offered in Memory of Klaus Baer, ed. David P. Silverman (Chicago, il, 1994), pp. 79–86.

Doxey, Denise M., Rita E. Freed and Lawrence M. Berman, Arts of Ancient Nubia (Boston, ma, 2018).

Doyen, Florence, 'The New Kingdom Town on Sai Island (Northern Sudan)', Sudan and Nubia, xiii (2009), pp. 17–20.

——, 'Sai Island New Kingdom Town (Northern Sudan): 3rd and 4th Seasons (2009–2010)', in The Fourth Cataract and Beyond: Proceedings of the Twelfth International Conference for Nubian Studies, ed. Julie R. Anderson and Derek A. Welsby (Leuven, 2014), pp. 367–76.

Edel, Elmar, 'Inscriften des Alten Reiches xi: Nachtrage zu den Reiseberichten des Hrw-xwif ', Zeitschrift für ägyptische Sprache und Altertumskunde, lxxxv (1960), pp. 18–23.

Edwards, David N., The Nubian Past: An Archaeology of the Sudan (Abingdon and New York, 2004).

Eide, Tormod, Tomas Hägg, Richard Holton Pierce and László Török, eds, Fontes Historiae Nubiorum: Textual Sources for the History of the Middle Nile Region Between the Eighth Century bc and the Sixth Century ad, 3 vols (Bergen, 1994–8).

Emberling, Geoff, 'Ethnicity in Complex Societies: Archaeological Perspectives', Journal of Archaeological Research, v (1997), pp. 295–344.

Fattovich, Rodolfo, 'The Problem of Sudanese–Ethiopian Contacts in Antiquity: Status Quaestionis and Current Trends of Research', in Nubian Studies: Proceedings of the Symposium for Nubian Studies, Selwyn College, Cambridge, 1978, ed. J. Martin Plumley (Warminster, 1982), pp. 76–86.

——, 'At the Periphery of the Empire: The Gash Delta (Eastern Sudan)', in Egypt and Africa: Nubia from Prehistory to Islam, ed. W. V. Davies (London, 1991), pp. 40–47.

——, 'The Development of Ancient States in the Northern Horn of Africa, c. 3000 bc–ad 1000: An Archaeological Outline', Journal of World Prehistory, xxiii (2010), pp. 145–75.

Fisher, Marjorie M., Peter Lacovara, Salima Ikram and Sue D'Auria, eds, Ancient Nubia: African Kingdoms on the Nile (New York and Cairo, 2012).

Friedman, Renée, Margaret Judd and Joel D. Irish, 'The Nubian Cemetery at Hierakonpolis, Egypt: Results of the 2007 Season', Sudan and Nubia, xi (2007), pp. 57–71.

Gardiner, Alan, 'The Coronation of King Haremhab', Journal of Egyptian Archaeology, xxxix (1953), pp. 13–31.

Garstang, John, and A. H. Sayce, 'Second Interim Report on the Excavations at Meroe in Ethiopia', Liverpool Annals of Archaeology and Anthropology, iv (1912), pp. 45–71.

——, W. J. Phythian-Adams and A. H. Sayce, 'Fifth Interim Report on the Excavations at Meroë in Ethiopia', Liverpool Annals of Archaeology and Anthropology, vii (1914–16), pp. 1–24.

Gatto, Maria Carmela, 'The Nubian A-Group: A Reassessment', Archéonil, xvi (2006), pp. 61–76.

Gervers, Michael, 'Cotton and Cotton Weaving in Meroitic Nubia and Medieval Ethiopia', Textile History, xxi/1 (1990), pp. 13–30.

Gratien, Brigitte, 'Some Rural Settlements at Gism el-Arba in the Northern Dongola Reach', Sudan and Nubia, iii (1999), pp. 10–12.

——, 'L'Habitat 2 de Gism el-Arba: Rapport préliminaire sur un centre de stockage Kerma?', Cahier de Recherches de l'Institut de Papyrologie et d'Egyptologie de Lille, xxiii (2003), pp. 29–43.

Haaland, Gunnar, and Randi Haaland, 'God of War, Worldly Ruler, and Craft Specialists in the Meroitic Kingdom of Sudan: Inferring Social Identity from Material Remains', Journal of Social Archaeology, vii/3 (2007), pp. 372–92.

Haaland, Randi, 'Iron Working in an Indian Ocean Context', in World of Iron, ed. Jane Humphris and Thilo Rehren (London, 2013), pp. 146–55.

Habachi, Labib, The Second Stela of Kamose and His Struggle against the Hyksos Ruler and His Capital (Glückstadt, 1972).

Holt, P. M., and M. W. Daly, A History of the Sudan: From the Coming of Islam to the Present Day, 5th edn (London, 2000).

Honegger, Matthieu, 'Kerma: L'agglomération pré-Kerma', Genava, xlv (1997), pp. 113–18.

——, 'The Pre-Kerma Settlement: New Elements Throw Light on the Rise of the First Nubian Kingdom', in Nubian Studies 1998: Proceedings of the Ninth Conference of the International Society of Nubian Studies, ed. Timothy Kendall (Boston, ma, 2004), pp. 83–94.

——, and Camille Fallet, 'Archers' Tombs of Kerma Ancien', Kerma: Documents de la mission archéologique suisse au Soudan, vi (2015), pp. 16–30.

Humphris, Jane, Michael F. Charlton, Jake Keen, Lee Sauder and Fareed Alshishani, 'Iron Smelting in Sudan: Experimental Archaeology at the Royal City of Meroe', Journal of Field Archaeology, xliii/5 (2018), pp. 399–416.

Jaafari, Shirin, 'Here's the Story behind the Iconic Sudanese Woman in White', The World, 10 April 2019, https://theworld.org, accessed 1 September 2021.

Kahn, Dan'el, 'The Queen Mother in the Kingdom of Kush: Status, Power and Cultic Role', in Teshura Le-Zafrira: Studies in the Bible, the History of Israel and the Ancient Near East Presented to Zafrira Ben-Barak, ed. Mayer I. Gruber et al. (Beer Sheva, 2012), pp. 61–8.

Kendall, Timothy, ed., Nubian Studies 1998: Proceedings of the Ninth Conference of the International Society of Nubian Studies (Boston, ma, 2004).

——, 'Why Did Taharqa Build His Tomb at Nuri?', in Between the Cataracts: Proceedings of the 11th Conference for Nubian Studies, Part One: Main Papers, ed. Włodzimierz Godlewski and Adam Łajtar, Polish Archaeology in the Mediterranean, Supplement Series 2:1 (Warsaw, 2008), pp. 117–47.

Kirwan, Laurence P., 'A Survey of Nubian Origins', Sudan Notes and Records, xx/1 (1937), pp. 47–62.

Kitchen, Kenneth A., The Third Intermediate Period in Egypt (1100–650 bc) (Oxford, 2004).

Klemm, Dietrich D., Rosemarie Klemm and Andreas Murr, 'Ancient Gold Mining in the Eastern Desert of Egypt and the Nubian Desert of Sudan', in Egypt and Nubia: Gifts of the Desert, ed. Renée Friedman (London, 2002), pp. 215–31.

Kormysheva, Eleonora Y., 'On the Origin and Evolution of the Amun Cult in Nubia', in Nubian Studies 1998: Proceedings of the Ninth Conference of the International Society of Nubian Studies, ed. Timothy Kendall (Boston, ma, 2004), pp. 109–33.

Kraemer, Bryan, and Kate Liszka, 'Evidence for Administration of the Nubian Fortresses in the Late Middle Kingdom: The Semna Dispatches', Journal of Egyptian History, ix/1 (2016), pp. 1–65.

Leonard, Horace, trans., The Geography of Strabo (Cambridge, ma, 1967).

Liszka, Kate, and Bryan Kraemer, 'Evidence for Administration of the Nubian Fortresses in the Late Middle Kingdom: P. Ramesseum 18', Journal of Egyptian History, ix/2 (2016), pp. 151–208.

Lobban, Richard, 'Greeks, Nubians and Mapping the Ancient Nile', in Nubian Studies 1998: Proceedings of the Ninth Conference of the International Society of Nubian Studies, ed. Timothy Kendall (Boston, ma, 2004), pp. 341–8.

Lohwasser, Angelika, 'Queenship in Kush: Status, Role and Ideology of Royal Women', Journal of the American Research Center in Egypt, xxxviii (2001), pp. 61–76.

——, The Kushite Cemetery of Sanam: A Non-Royal Burial Ground of the Nubian Capital, c. 800–600 bc (London, 2010).

——, 'Neujahr in Nubien', in Ein Forscherleben zwischen den Welten: Zum 80. Geburtstag von Steffen Wenig, ed. Angelika Lohwasser and Pawel Wolf (Berlin, 2014), pp. 229–36.

Manzo, Andrea, 'Apedemak and Dionysos: Further Remarks on the "Cult of the Grape" in Kush', Sudan and Nubia, x (2006), pp. 82–94.

Markowitz, Yvonne M., and Peter Lacovara, 'The Ferlini Treasure in Archaeological Perspective', Journal of the American Research Center in Egypt, xxxiii (1996), pp. 1–9.

Minor, Elizabeth, 'The Use of Egyptian and Egyptianizing Material Culture in Nubian Burials of the Classic Kerma Period', PhD thesis, University of California, Berkeley, 2012.

——, 'The Use of Egyptian and Egyptianizing Material Culture in Classic Kerma Burials: Winged Sun Discs', in Les produits de luxe au ProcheOrient ancien, aux âges du Bronze et du Fer, ed. Michèle Casanova and Martin Feldman (Paris, 2014), pp. 225–34.

——, 'Decolonizing Reisner: A Case Study of a Classic Kerma Female Burial for Reinterpreting Early Nubian Archaeological Collections through Digital Archival Resources', in Nubian Archaeology in the xxist Century: Proceedings of the Thirteenth International Conference for Nubian Studies (Leuven, 2018), pp. 251–62.

——, 'One More for the Road: Beer, Sacrifice and Commemoration in Ancient Nubian Burials of the Classic Kerma Period', in Current Research in Egyptology 2017: Proceedings of the Eighteenth Annual Symposium, ed. Ilaria Incordino et al. (Oxford, 2018), pp. 126–38.

Morkot, Robert, The Black Pharaohs: Egypt's Nubian Rulers (London, 2000).

——, 'From Conquered to Conquerer: The Organization of Nubia in the New Kingdom and the Kushite Administration of Egypt', in Ancient Egyptian Administration, ed. Juan Carlos Moreno García (Leiden, 2013), pp. 911–63.

O'Connor, David, 'New Kingdom and Third Intermediate Period, 1552–664 bc', in Bruce G. Trigger, Barry J. Kemp, David O'Connor and Alan B. Lloyd, Ancient Egypt: A Social History (Cambridge, 1983), pp. 183–278.

——, 'The Locations of Yam and Kush and Their Historical Implications', Journal of the American Research Center in Egypt, xxiii (1986), pp. 27–50.

——, 'City and Palace in New Kingdom Egypt', Cahiers de Recherches de l'Institut de Papyrologie et d'Egyptologie de Lille, xi (1989), pp. 73–87.

——, 'Beloved of Maat, the Horizon of Re: The Royal Palace in New Kingdom Egypt', in Ancient Egyptian Kingship, ed. David O'Connor and David P. Silverman (Leiden, 1995), pp. 263–300.

Okafor, Edwin E., 'New Evidence on Early Iron-Smelting from Southwestern Nigeria', in The Archaeology of Africa: Food, Metals and Towns, ed. Thurstan Shaw, Paul Sinclair, Bassey Andah and Alex Okpoko (London and New York, 1993), pp. 432–48.

Pagliari, Giulia, 'Function and Significance of Ancient Egyptian Royal Palaces from the Middle Kingdom to the Saite Period', PhD thesis, University of Birmingham and La 'Sapienza', University of Rome, 2012.

Parkinson, Richard B., and Neal Spencer, 'The Teaching of Amenemhat at Amara West', Egyptian Archaeology, xxxv (2009), pp. 25–7.

Phillipson, David W., African Archaeology, 3rd edn (Cambridge, 2005).

Poggo, Scopas, 'The Origins and Culture of Blacksmiths in Kuku Society of the Sudan, 1797–1955', Journal of African Cultural Studies, xviii/2 (2006), pp. 169–86.

Pope, Jeremy, The Double Kingdom under Taharqo: Studies in the History of Kush and Egypt, c. 690–664 bc (Leiden, 2014).

Powell, Eric A., 'Miniature Pyramids of Sudan', Archaeology, lxvi/4 (2013), pp. 30–34.

Reimer, Thomas O., 'The Presentation of Gold in the Reliefs of the Eastern Staircase of the Apadana in Persepolis', Iranian Journal of Archaeological Studies, iii (2013), pp. 57–63.

Reisner, George Andrew, Excavations at Kerma: Joint Egyptian Expedition of Harvard University and the Boston Museum of Fine Arts, 2 vols (Cambridge, ma, 1923).

Revez, Jean, 'The Metaphorical Use of the Kinship Term sn "Brother"', Journal of the American Research Center in Egypt, xl (2003), pp. 123–31.

Rilly, Claude, 'Meroitische Texte aus Naga/ Meroitic Texts from Naga', in Königsstadt Naga: Grabungen in der Wüste des Sudan/ Naga-Royal City: Excavations in the Desert of the Sudan, ed. Karla Kröper, Sylvia Schoske and Dietrich Wildung (Munich and Berlin, 2011), pp. 176–201.

——, and Alex de Voogt, The Meroitic Language and Writing System (Cambridge, 2012).

Roccati, Alessando, 'L'Hellénisme dans l'architecture et la décoration des palais de Napata', in Méroé: Un Empire sur le Nil, ed. Michel Baud (Paris, 2010), pp. 95–6.

Rocheleau, Caroline M., Amun Temples in Nubia: A Typological Study of New Kingdom, Napatan and Meroitic Temples (Oxford, 2008).

Sackho-Autissier, Aminata, 'La Guerre entre Méroé et Rome, 25–21 av. J.-C.', in Méroé: Un Empireire sur le Nil, ed. Michel Baud (Paris, 2010), p. 73.

Schellinger, Sarah M., 'Victory Stela of Pianki', in Milestone Documents, ed. Brian Bonhomme (Dallas, tx, 2014), pp. 91–107.

Simpson, William Kelly, ed., The Literature of Ancient Egypt: An Anthology of Stories, Instructions, Stelae, Autobiographies, and Poetry, 3rd edn (New Haven, ct, and London, 2003).

Sist, Loredana, 'Motivi ellenistici nell'architettura meroitica: nuove scoperte a Napata', in Acta Nubica: Proceedings of the x International Conference of Nubian Studies, ed. Isabella Caneva and Alessandro Roccati (Rome, 2006), pp. 475–81.

Smith, Stuart Tyson, 'Askut and the Role of the Second Cataract Forts', Journal of the American Research Center in Egypt, xxviii (1991), pp. 107–32.

——, Wretched Kush: Ethnic Identities and Boundaries in Egypt's Nubian Empire (New York, 2003).

Somaglino, Claire, and Pierre Tallet, 'Gebel Sheikh Suleiman: A First Dynasty Relief after All ...', Archéonil, xxv (2015), pp. 123–34.

Spence, Kate, and Pamela Rose, 'Fieldwork at Sesebi, 2010', in The Fourth Cataract and Beyond: Proceedings of the Twelfth International Conference for Nubian Studies, ed. Julie R. Anderson and Derek A. Welsby (Leuven, 2014), pp. 409–15.

——, et al., 'Fieldwork at Sesebi, 2009', Sudan and Nubia, xiii (2009), pp. 38–46.

——, et al., 'Sesebi 2011', Sudan and Nubia, xv (2011), pp. 34–8.

Spencer, Neal, 'Cemeteries and a Late Ramesside Suburb at Amara West', Sudan and Nubia, xiii (2009), pp. 47–60.

——, 'Amara West: Considerations on Urban Life in Colonial Kush', in The Fourth Cataract and Beyond: Proceedings of the Twelfth International Conference for Nubian Studies, ed. Julie R. Anderson and Derek A. Welsby (Leuven, 2014), pp. 457–85.

——, Anna Stevens and Michaela Binder, Amara West: Living in Egyptian Nubia (London, 2014).

Strudwick, Nigel C., Texts from the Pyramid Age (Atlanta, ga, 2005)Török, László, 'Ambulatory Kingship and Settlement History: A Study on the Contribution of Archaeology to Meroitic History', in Études nubiennes: Conférence de Genève; Actes du viie Congrès international d'études nubiennes, ed. Charles Bonnet (Geneva, 1992), pp. 111–26.

——, Birth of an Ancient African Kingdom: Kush and Her Myth of the State in the First Millennium bc (Lille, 1995).

——, The Kingdom of Kush: Handbook of the Napatan-Meroitic Civilization (Leiden, 1997).

——, The Image of the Ordered World in Ancient Nubian Art: The Construction of the Kushite Mind (800 bc–300 ad) (Leiden, 2002).

——, 'Space, Temple, and Society: On the Built Worldview of the TwentyFifth Dynasty in Nubia', in Acta Nubica: Proceedings of the x International Conference of Nubian Studies, ed. Isabella Caneva and Alessandro Roccati (Rome, 2006), pp. 231–8.

——, Between Two Worlds: The Frontier Region between Ancient Nubia and Egypt, 3700 bc–500 ad (Leiden, 2009).

——, Hellenizing Art in Ancient Nubia, 300 bc–ad 250, and Its Egyptian Models: A Study in 'Acculturation' (Leiden, 2011).

——, with I. Hofmann and I. Nagy, Meroe City: An Ancient African Capital; John Garstang's Excavations in Sudan, 2 vols (London, 1997).

Trigger, Bruce G., History and Settlement in Lower Nubia (New Haven, ct, 1965).

Van Pelt, W. Paul, 'Revising Egypto-Nubian Relations in New Kingdom

Lower Nubia: From Egyptianization to Cultural Entanglement', Cambridge Archaeological Journal, xxiii/3 (2013), pp. 523–50.

Vercoutter, Jean, 'Un Palais des "Candaces", contemporain d'Auguste (Fouilles à Wad-ban-Naga 1958–1960)', Syria, xxxix (1962), pp. 263–99.

Vincentelli, Irene, Hillat el-Arab: The Joint Sudanese–Italian Expedition in the Napatan Region, Sudan (Oxford, 2006).

Vrtal, Vlastimil, 'The Palace of Queen Amanishakheto (wbn 100)', in Wad Ben Naga: 1821–2013, ed. Pavel Onderka et al. (Prague, 2013), pp. 57–62.

Welsby, Derek, The Kingdom of Kush: The Napatan and Meroitic Empires (London, 1996).

——, 'Excavations at Kawa, 2009–10', Sudan and Nubia, xiv (2010), pp. 48–55.

——, and Julie R. Anderson, eds, Sudan Ancient Treasures: Recent Discoveries from the Sudan National Museum, exh. cat., British Museum (London, 2004).

Williams, Bruce Beyer, Excavations between Abu Simbel and the Sudan Frontier, vol. iii: The A-Group Royal Cemetery at Qustul: Cemetery L (Chicago, il, 1986).

Wolf, Pawel, 'Essay über den meroitischen Eklektizismus in Musawwarat es Sufra, oder: Woher stammt der meroitische Einraumtempel?', in Ein Forscherleben zwischen den Welten: Zum 80. Geburtstag von Steffen Wenig, ed. Angelika Lohwasser and Pawel Wolf (Berlin, 2014), pp. 351–94.

——, and Claude Rilly, 'Les Stèles de Hamadab', in Méroé: Un Empire sur le Nil, ed. Michel Baud (Paris, 2010), pp. 160–61.

Yellin, Janice, 'The Role of Anubis in Meroitic Religion', in Nubian Studies: Proceedings of the Symposium for Nubian Studies 1978, ed. J. M. Plumley (Warminster, 1982), pp. 227–34.

——, 'Egyptian Religion and Its Ongoing Impact on the Formation of the Napatan State. A Contribution to László Török's Main Paper: The Emergence of the Kingdom of Kush and her Myth of the State in the First Millennium bc', Cahiers de Recherches de l'Institut de Papyrologie et d'Egyptologie de Lille, xvii/1 (1995), pp. 243–63.

——, 'The Chronology and Attribution of Royal Pyramids at Meroe and Gebel Barkal: Beg N 8, Beg N 12, Bar 5 and Bar 2', Journal of Ancient Egyptian Interconnections, vi/1 (2014), pp. 76–88.

——, 'The Kushite Nature of Early Meroitic Mortuary Religion: A Pragmatic Approach to Osirian Beliefs', in Ein Forscherleben zwischen den Welten: Zum 80. Geburtstag von Steffen Wenig, ed. Angelika Lohwasser and Pawel Wolf (Berlin, 2014), pp. 395–404.

Yoyotte, Jean, 'Pour une localization du pays de Iam', Bulletin de l'Institut Français d'Archéologie Orientale, lii (1953), pp. 173–8.

Żurawski, Bogdan, 'Pliny's "Tergedum" Discovered', Sudan and Nubia, ii (1998), pp. 74–81.

——, 'Dongola Reach: The Southern Dongola Reach Survey, 1998/1999', Polish Archaeology in the Mediterranean, xi (2000), pp. 209–21.

致谢

　　如果没有那些或近在身边或远在他方的朋友们，尤其是丹尼丝·多克塞（Denise Doxey）、斯泰西·戴维森（Stacy Davidson）、克里斯蒂娜·伯克·马西森（Christina Burke Mathison）、亚历山德拉·克西齐克（Aleksandra Ksiezak）以及伊丽莎白·迈纳（Elizabeth Minor）等人的支持和指导，要完成这本书是不可能的。特别感谢艾哈迈德·阿明·艾哈迈德·哈桑（Ahmed El-Ameen Ahmed El-Hassan），他在使用苏丹国家博物馆（Sudan National Museum）的图像资料方面提供了大力协助。我还要感谢 Reaktion Books 出版公司的戴夫·沃特金斯（Dave Watkins）和埃米·索尔特（Amy Salter），他们为本书的出版付出了极大的耐心和悉心的指导。当然，我必须感谢我的父母，娜恩（Nan）和里奇（Rich），正是他们，给予了我始终不渝的爱与支持。

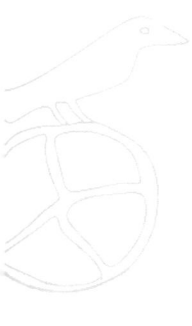

图片来源

向以下为本书提供和（或）授权本书使用相关图片的人员或机构表示衷心感谢：

The J. Paul Getty Museum, Los Angeles: p. 17; drawn by Aleksandra Ksiezak, after C. M. Firth, The Archæological Survey of Nubia: Report for 1910–1911 (Cairo, 1927): p. 37; drawn by Aleksandra Ksiezak, after N.-C. Grimal, La stèle triomphale de Pi('ankhy) au Musée du Caire: je 48862 et 47086–47089 (Cairo, 1981): p. 78; drawn by Aleksandra Ksiezak, after N.-C. Grimal, Quatre stèles napatéenes au Musée du Cairo: je 48863–48866 (Cairo, 1981): p. 126; drawn by Aleksandra Ksiezak, after Claire Somaglino and Pierre Tallet, 'Gebel Sheikh Suleiman: A First Dynasty Relief after All ...', Archéo-Nil, xxv (2015): p. 38; from R. Lepsius, Denkmäler aus Ägypten und Äthiopien: Nach den Zeichnungen der von seiner Majestät dem Könige von Preussen Friedrich Wilhelm iv nach diesen Ländern gesendeten und in den Jahren 1842–1845 ausgeführten wissenschaftlichen Expedition auf Befehl seiner Majestät, vol. v (Berlin, 1855), photo the New York Public Library: p. 133; The Metropolitan Museum of Art, New York: pp. 41, 53, 64, 85, 102, 111; © Mission archéologique suisse-franco-soudanaise de Kerma-Doukki Gel: pp. 48, 52; photos © 2022 Museum of Fine Arts, Boston: pp. 12, 16, 36, 49, 57, 60, 61, 73, 80; photo Carole Raddato (cc by-sa 2.0): p. 72; photos Sarah M. Schellinger: pp. 45, 81, 89, 92, 93, 103, 113, 114, 128, 139, 140; Sudan National Museum, Khartoum: pp. 33 (no. 26883), 69 (no. 63/4/5), 149 (no. 15309); © The Trustees of the British Museum: pp. 39, 99, 131, 145 (map by Claire Thorne); © unesco (cc by-sa 3.0 igo): p. 21; The Walters Art Museum, Baltimore, md: p. 98; courtesy of the Wendorf Archive, the British Museum: p. 32.

索引

A

A 群落　29–33、35–38、41、172
阿卜杜拉·哈姆多克　181
阿尔瓦　174–175、178
阿卡玛尼　95、97
阿克那腾　11
阿克尼达德　151–152
阿克苏姆王国　105
阿拉吉干河　11
阿拉若　83、94、145
阿伦斯努菲斯　127、130–131
阿玛尼莎赫特王后　154
阿曼尼热纳斯　101、151–152
阿曼尼托王后　135
阿蒙　75、84、87、91–93、97–99、108、114–116、118–125、130、132、139、140–141、143、145–147、156
阿蒙霍特普二世　140
阿蒙霍特普三世　11、68
阿蒙霍特普四世　71
阿蒙霍特普一世　65、69–70
阿蒙内蒂斯二世　141

阿蒙内蒂斯一世　141
阿蒙尼姆哈特一世　59
阿蒙－瑞　73、87、115、121、123–124
阿蒙瑟米　127、130
阿普德马克　96、127
阿斯帕尔塔　91–92、97、120、123–124、131、146–147
阿特拉内萨　90
埃及化　18
埃塞俄比亚　5、7–8、20、105–107、110–111、163、168、174–175、177
艾尔－卡布　63、122
艾尔－库鲁　86、88–89、126、148
艾斯－色巴河　39
安拉玛尼　91、122、131、147–148
安努毕斯　134
奥古斯都　101、151–152
奥马尔·阿尔·巴希尔　181
奥斯曼帝国　20、180

223

B

B群落　172

《巴克特条约》　14

巴拉那　105、160-161、172

巴斯泰　123、125-126

白尼罗河　6、19、24、110

壁画　47、66、149、178

布亨　9、40、58-59、65、121

布伦米人　91、174

C

C群落　36-40、51、59、76、172

彩色陶器　16、47

长颈鹿　12、48、66-67、109

赤亚孔塔术努斯　101

D

达尔巴赫里　8、140

大祭司　67-68

德芙法　43-44、47、48、64、114

德耶　35-36

底比斯　64、68、79、84、86、88、95、118、121-122、131、141、156

第二瀑布　9-10、21、25-26、29、32、35-36、40-41、59、65、83、93、138、160

第六瀑布　6、9、10

第三瀑布　11、17、25、41-42、65、68、133、180

第四瀑布　3、65、68、82-83、114、175

第五瀑布　43、65

第一瀑布　6-7、32、151

栋古拉河段　92

杜得卡舒努斯　101

多奇盖尔　74-75、92、121

E

俄塞里斯　128、131、134-135、147

F

法拉斯　38、100、109-110、121、160、174、176、178

菲莱　101-102、151

芬吉　180

弗朗西斯·卢埃林·格里菲思　21

弗雷德里克·卡约　19

弗雷德里克·路德维格·诺登　19

索引

G

冈比西斯　93

高粱　109

古斯图尔　32、105、160–161、172

古王国　9、12、36–37、40、56–59

H

哈马达布　151

哈索尔　18、89、119、128、138、156

哈特谢普苏特王后　8、139–140

哈希约特夫　93–94、118、123

何露斯　35、94–95、119、121、126、129、132–133、145–148

赫伯特·基钦纳　180

黑尔拉肯波利斯　32、76

黑拉特艾尔‐阿拉比　82

红海　3、8、91–100、110

后麦罗埃时期　8、161、172、175、178

黄金　5、11–12、15、19、56、60、66、71、154、166、177

J

基督教　17、172、175–179

基督教时期　17、177–179

吉斯姆艾尔阿坝　52

加冕典礼　85–86、121–122、124–126、129–130、145–147、151

贾法尔·尼迈里　181

捷贝尔巴卡尔　68、83、88、116、135、147–148

旧栋古拉　174、176

旧石器时代　24–25

K

喀土穆演化区　25

卡德鲁卡　28

卡尔·理查德·莱普修斯　20

卡拉诺　100、109、135

卡斯尔伊布利姆　160–161、176–177

卡提马洛　120、143–144

卡瓦　12、21、71、87、93、115、119–120、123–125、130

凯尔奈克　64、92、116、122、139–140

坎迪斯　138、149–151、156–157

科玛　8、10、12、21、24、36–38、40–53、59、62–64、69、72、74、84、92–93、105、114–115、123–125、

225

142–143、172

克什台 83–84、94、108、141、144

库玛 61

库施 5、9、15–16、64、69、94、96、108、120、132、145、151

廊尔哈塔 132

L

拉美西斯二世 19、73、139

拉美西斯三世 73

M

马哈尔特格利诺斯 105

马赫迪 180

马库利亚 174–176

马木路克 179

玛瑙 106

麦德加 57

麦德加伊 63

麦罗埃丧葬文化 134

麦罗埃 5、8、12–14、19–21、75、91、93、95–106、108–111、118–119、124–125、127–130、132–135、137–139、144、149–156、160–169、172、174–175、178

麦罗埃宗教 103、134

米尔吉萨 62

棉花 160–161

穆罕默德·阿里 19–20、180

穆萨瓦拉特伊斯－速夫拉 12–13、20、107、129

N

纳伽 13、20、99、103、108、127–129、135、149、152、154

纳帕塔 5、12、16–17、21、68、82–86、88、90–95、97、101、104、108、115–120、122–125、130–131、134、143、145、147–148、151–152、156、160、164、172

纳萨尔撒 146、148

纳斯塔森 94、125、148

纳塔卡玛尼 96、104、127、135、154

纳韦德马克 151

南苏丹共和国 181

内夫蒂斯 132

尼罗河 7–8、10、20、25–26、30、41、59、84、87、92、106、110、114、116–119、161、175

农业 8、17、31、39、41、160、167-168

努里 89-92、131、148、166

诺贝提亚 174-176

诺克人 167-168

P

帕内斯 67-68

陪葬者 49

朋特 8、63、140

皮耶 84-85、89、91、94、115、117、125、141、146

啤酒 50、61

葡萄酒 135

普努布斯 92-93、120、123

Q

前科玛时期 41-43

乔治·安德鲁·赖斯纳 21

乔治·沃丁顿 20

青尼罗河 7、110

青铜 12、37、44、48-49、105-106、151-152、162-163、172

清真寺 180

S

萨尔贡二世 85

萨赫迈克 148

萨姆提克二世 92

萨纳姆 18、21

塞拜克纳克特 63

塞岛 42、69-70、72、180

塞德恩伽 133

塞姆纳 60-62、121、143

塞西尔·马拉比·弗思 21

赛斯比 71-72

赛亚拉 32-34

瑟毕巫梅克 127、130

森卡马尼斯肯 90-91

沙巴卡 85-86、89

沙毕廊 86-87、89

莎纳达克托 108、150

上努比亚 9-10、24-25、36-37、41、58、63、67-68、73、105、161、174-175

舍佩韦普特一世 141

神庙 8、13-15、19、21、43-44、46-47、65、70-73、75、84、86、88、90-93、98-99、101-102、106-107、109、111、114、116、118-125、127、129、135、143、147、149、152、154、160-161、166、174、177

神祇 18、99、114、127-128、

130–134、174

神之妻　140–142、156

苏巴　174

索勒布　68

T

塔哈卡　86–89、119、121、126、141、147

塔努泰蒙　88–90、108、117、122–123、132

特克芮迪马尼　111

通布斯　17–18、65

头骨　29、39、50–51

图特摩斯三世　11、68、70、74、94–95、116、139–140

图特摩斯四世　65

图特摩斯一世　65、71、74、139

图腾　105

鸵鸟　12、26、32–33、49、67、109、115、166

W

瓦德班纳伽　99、135、152、154

瓦瓦特　9、57、63、66

X

西阿马拉　18、68、72–74

西尔科　174

西克索　52–53、63–64

希腊人　100、150

下努比亚　9、19、24–26、29–30、36–37、40–41、58–59、65、67、69、74、83、94、100–101、109、133、135、145、161–162、172、174–175

象岛　9、61、68、93、101、116–117、151

象牙　12、32、36、48–49、56、63、66、93、115、153、166、177

小麦　31

新石器时代　24、26、28–30

新王国　10–11、17、24、40、43、64–65、68–71、73–74、82–83、95、108、114–116、121、124、126、131、138–140、143、156、162

休伊　66、78

修道院　177

Y

雅赫摩斯一世　65

亚历山大大帝　100、150

亚姆　9–10、57

亚述 75、85-88、148

亚述巴尼拔 87-88

岩画 12、39、118

也哈 106、110

伊瑞克-阿蒙诺特 93、121、123-124、147

伊斯兰 69、157、176-177、180

伊特叶特 9-10、57

伊西斯 18、126、128-130、132、134、141、143、145-148

以扎纳 111、161

约翰·加斯顿 21

Z

中石器时代 25-26

中王国 5、8、10、40、59、60-62、76、78、138